Lancelot du Lac

Découvrez les cinq livres du cycle
des Chevaliers de la Table ronde :
 I - Les Enchantements de Merlin
 II - Lancelot du lac
 III - Perceval le Gallois
 IV - La Quête du Graal
 V - La Destinée du roi Arthur

www.casterman.com

ISBN 978-2-203-03165-4
L.10EJDN000756.C004

© Casterman, 1980, 2011 pour la présente édition
Imprimé en mars 2014, en Espagne.
Dépôt légal : juin 2011 ; D. 2011/0053/374

Conception graphique : Anne-Catherine Boudet

Déposé au ministère de la Justice, Paris
(loi n° 49.956 du 16 juillet 1949 sur les publications destinées à la jeunesse).

Tous droits réservés pour tous pays.
Il est strictement interdit, sauf accord préalable et écrit de l'éditeur, de reproduire (notamment par photocopie
ou numérisation) partiellement ou totalement le présent ouvrage, de le stocker dans une banque de données
ou de le communiquer au public, sous quelque forme et de quelque manière que ce soit.

François Johan

LANCELOT
du lac

Illustré par Nathaële Vogel

1

LES MALHEURS ET LE DÉPART DU ROI BAN DE BÉNOÏC

En ces temps bien anciens régnait, sur une partie de la Petite-Bretagne, le roi Ban de Bénoïc. Il avait un frère : le roi Bohor de Gannes. Tous deux s'aimaient tendrement et étaient vassaux du roi des deux Bretagnes, le roi Arthur. Ils lui avaient rendu hommage et promis fidélité. Ils s'étaient toujours montrés fidèles compagnons à son égard, l'assistant notamment dans l'aide que le suzerain avait apportée au roi Léodagan dont il avait épousé la fille unique : la reine Guenièvre.

Le roi Ban et sa femme Hélène n'avaient donné naissance qu'à un seul enfant : Lancelot. Ils auraient mené une vie calme et paisible s'ils n'avaient eu comme voisin le roi Claude de la Terre Déserte. Celui-ci aimait fort à guerroyer et, surtout, il convoitait le royaume de Bénoïc. Il était prêt à tout pour le conquérir et ne craignait pas d'avoir recours à la traîtrise et à la félonie.

Après avoir pris par force et par ruse une partie des terres du roi Ban, Claude de la Terre Déserte vint mettre le siège devant le plus fort château du domaine : celui de Trèbe. La forteresse n'était guère prenable, mais les réserves de vivres commençaient à diminuer et, au bout de quelque temps, la famine menaçait les assiégés. Voyant la situation, le roi Ban dit à la reine Hélène :

— Dame, j'ai longuement réfléchi. Nos réserves vont bientôt s'épuiser. J'ai pensé que je devrais aller demander aide et assistance à mon suzerain, le roi Arthur. C'est un bon seigneur, le meilleur qui soit au monde. Il ne pourra manquer de me secourir quand il apprendra le triste état où nous sommes réduits.

— Cela me paraît une juste démarche, mais pourquoi n'envoyez-vous pas un messager pour transmettre votre requête ?

— Je crois que mes paroles auront un poids plus grand. Je saurai mieux dépeindre la réalité au roi. Je vous demande de vous préparer à m'accompagner avec notre fils.

— Mais ne craignez-vous pas, messire, de laisser le château ?

— Il est si bien fortifié qu'il ne peut être pris d'assaut pendant notre absence ; d'ailleurs, celle-ci ne sera pas longue.

Le roi Ban disait vrai. Les fortifications étaient bien solides. Hélas, il ne pouvait prévoir les tristes événements qui devaient survenir.

La reine Hélène prépare leur départ. Pendant ce temps, le roi Ban confie le château à son sénéchal.

— Ta mission est simple, dit-il, tu défendras le château mieux que ta vie ou que ton bien le plus précieux.

Le roi Ban, la reine Hélène et le jeune Lancelot attendent le moment favorable.

Le crépuscule venu, ils sortent secrètement du côté des marais avec, pour seule escorte, un des plus fidèles écuyers et quelques serviteurs. Ils ne craignent guère de rencontrer les soldats du roi Claude, car ce serait folie de s'aventurer près de ces marécages sans bien les connaître tant ils sont profonds et dangereux. Le petit groupe les traverse par une étroite allée dont le roi Ban connaît l'existence. Des chevaux les attendent à la lisière de la forêt. On l'appelle la forêt de Brocéliande. C'est la plus grande de toutes celles de Petite-Bretagne. Au centre se trouve un lac appelé le lac de Diane en souvenir de la déesse de la Chasse.

Le roi décide que lui et les siens reposeront la nuit à cet endroit. Un long voyage les attend.

2

LA TRAHISON DU SÉNÉCHAL FÉLON

Le roi Ban est parti depuis peu. Le sénéchal à qui a été confié le château décide de se rendre, muni d'un sauf-conduit, auprès du roi Claude pour lui proposer une trêve.

Celui-ci écoute la proposition qui lui est faite. Il sait bien qu'il n'a nulle chance de conquérir le château, malgré le nombre de ses soldats, s'il n'a recours à la ruse ou à la félonie. Aussi répond-il favorablement à l'offre du sénéchal. Puis il poursuit :

— Si je finis par soumettre le château par force, une fois arrivé le terme de cette trêve, un triste sort vous attend, vous serez tué ou emprisonné pour le reste de vos jours. En revanche, si vous me laissez le prendre sans bataille, je vous ferai roi à la place de Ban et vous serez mon homme lige.

La convoitise brille dans les yeux du sénéchal. Il répond :

— Messire, j'accepte votre offre. Ce que vous me proposez me plaît fort. Le moment est favorable pour réaliser cette entreprise car, vous l'ignorez, le roi Ban n'est pas là. Il vient de partir chercher du secours auprès du roi Arthur. Nous devons agir sans tarder. Tout à l'heure, en rentrant, je dirai que j'ai obtenu de vous une trêve loyale, qu'il est inutile de verrouiller fortement les portes et que les gardes peuvent aller se reposer. Ils sont si las et fatigués qu'ils ne manqueront pas d'accueillir cette nouvelle avec joie.

Le sénéchal fait ainsi qu'il a dit.

La nuit venue, les soldats de Claude pénètrent sans encombre dans le château. Ils viennent de franchir la première porte sans rencontrer la moindre résistance. C'est alors que Banin, le filleul du roi Ban, les aperçoit. Aussitôt, il crie de toutes ses forces :

— Trahison ! Trahison ! Aux armes !

Chacun court s'armer à cet appel. Mais avant que les défenseurs puissent faire front efficacement, le château est pris. Les bâtiments commencent à flamber. Seul le donjon, où tous se sont réfugiés, demeure imprenable.

Banin comprend ce qui s'est passé. Il court au

sénéchal et ne veut même pas écouter les propos menteurs de ce dernier, qui feint d'être surpris par l'attaque.

— Félon, s'écrie-t-il, tu n'es pas allé demander une trêve. Tu es allé trahir ton seigneur lige. Traître, indigne serviteur d'un roi dont tu avais la confiance ! Voici ce que tu mérites pour prix de cet acte parjure.

À peine a-t-il prononcé ces paroles qu'il lui fait voler la tête d'un seul coup d'épée.

Enfermés dans la tour centrale, les défenseurs savent bien que les murs résisteront, mais ils sont conscients que, étroitement assiégés, ils ne vont pas tarder à manquer cruellement d'eau et de vivres. Ils passent une triste nuit.

Plus tard, impressionné par leur courage, Claude de la Terre Déserte acceptera de leur laisser la vie sauve.

3

LA MORT DU ROI BAN DE BÉNOÏC
ET L'ENLÈVEMENT DE LANCELOT

Au petit matin, alors que le jour est à peine levé, le roi Ban veut revoir son château avant de s'en éloigner pour un temps qu'il ignore. Il monte au sommet de la colline. Un spectacle désolant s'offre à ses yeux.

Il aperçoit d'abord une colonne de fumée qui s'élève dans le ciel, puis des lueurs rougeoyantes qui éclairent plus que le soleil qui commence juste à poindre. Il comprend vite que son domaine, pour une cause inconnue, est la proie des flammes. Il songe qu'il ne lui reste plus aucun bien sur terre, hormis sa chère femme et son fils chéri. Il se voile les yeux d'où ne peuvent couler les larmes tant est grande la douleur qu'il ressent au plus profond de son cœur.

— Terre que j'ai tant aimée, tu m'es ravie. Hélas,

que laisserai-je à mon fils si je ne peux te reconquérir ?

Sa douleur est telle que ses vaisseaux se rompent. Le sang lui sort de la bouche, du nez et des oreilles, et il tombe mort, les bras en croix, le visage tourné vers le ciel.

La reine Hélène, de son côté, s'étonne de ne pas voir revenir son époux. L'angoisse l'étreint lorsqu'elle voit le cheval redescendre la colline en trottant. Elle ordonne à l'écuyer d'aller voir ce qui se passe au sommet de la butte.

Celui-ci monte et, peu après, la reine l'entend pousser un cri abominable. Elle croit en perdre la raison. Elle s'empresse de le rejoindre après avoir posé dans l'herbe le berceau où dort son tout jeune fils qu'elle vient d'embrasser longuement et tendrement.

Arrivée en haut, elle découvre le corps du roi. Peu s'en faut qu'elle ne tombe pâmée. Elle gémit et pleure longuement. Elle reste à se lamenter près du corps de celui qu'elle a tant aimé. Puis elle songe à l'enfant que, dans sa précipitation et dans son affolement, elle a laissé tout seul au bord du lac. Elle court vers lui, manquant, plusieurs fois, de trébucher en descendant la colline.

Elle voit qu'une demoiselle inconnue a retiré Lancelot de son berceau et qu'elle tient l'enfant serré contre elle. À la vue de la reine qui s'approche tout essoufflée, la demoiselle se lève et s'enfuit, emportant l'enfant.

— Pitié, lui crie la reine, laissez-moi mon fils unique ! Il a déjà perdu ses terres et son père. Il n'a plus que moi au monde, comme je n'ai plus que lui à chérir.

Sans même se retourner, la demoiselle poursuit son chemin. Elle arrive au bord du lac, elle s'élance et disparaît dans les eaux profondes en tenant toujours l'enfant dans ses bras.

Ce nouveau malheur imprévu accable tant la reine Hélène qu'elle perd connaissance. Ses gens la rejoignent et parviennent non sans mal à lui faire recouvrer les sens. Ils ont grand-peine alors à l'empêcher de se précipiter à son tour dans les eaux profondes du lac. Trop de douleurs l'ont atteinte en si peu de temps.

Peu après, elle demanda à un couvent de l'accueillir. On l'appela la reine aux grandes douleurs.

4

LA MORT DU ROI BOHOR DE GANNES

Lorsque le roi Bohor de Gannes apprit la mort de son frère qu'il aimait fort, son chagrin fut si violent qu'il ne tarda pas à expirer à son tour. Il laissait deux très jeunes enfants. L'aîné s'appelait Lionel et le second avait nom Bohor, comme son père.

La terre de Gannes demeurait sans défense. Il fut alors facile au roi Claude de la Terre Déserte de conquérir ce royaume qu'il convoitait tout autant qu'il avait souhaité posséder celui de Bénoïc.

La femme de Bohor ne savait que faire pour protéger ses enfants. Elle se rendit vite compte que le seul moyen de les sauver était de se séparer d'eux. Elle dut s'y résoudre. Elle appela un chevalier en qui elle avait toute confiance.

— Pharien, lui dit-elle, je dois me séparer de mes

fils, les seuls biens qui me restent depuis la mort du roi, mon époux. Je vous les confie, votre seul soin sera de bien les garder et les élever. Vous ferez cela secrètement.

— Dame, je veillerai à ce qu'ils n'aient à souffrir d'aucun mal.

Après avoir entendu la promesse solennelle de Pharien, elle se retire dans la même abbaye que la reine Hélène. Ensemble, les deux sœurs se réconforteront quelque peu des grandes peines qu'elles ont connues et des grands maux qu'elles ont endurés. Ainsi s'achèvera leur vie.

Pharien garde les enfants chez lui pendant quelques années sans que quiconque sache qui ils sont, hormis sa femme. Malheureusement, si celle-ci a maintes qualités, elle a aussi le grand défaut d'être bavarde. Elle finit par commettre une indiscrétion maladroite, et ainsi parvient aux oreilles du roi Claude que Pharien élève en secret les fils du roi Bohor de Gannes.

Fort mécontent, il s'empresse de les faire enfermer et il les retient prisonniers, ainsi que Pharien, dans une tour de Gannes.

5

Portrait de Lancelot

La demoiselle qui avait emporté Lancelot était une fée. Elle avait nom Viviane et était douée de pouvoirs surnaturels depuis qu'elle avait été aimée passionnément par l'enchanteur Merlin.

Il lui avait appris, par amour, un grand nombre de tours et d'enchantements. Il lui avait aussi fait don d'un château magique qu'il avait construit à l'endroit où les eaux du lac de Diane paraissent les plus profondes, et nul ne pouvait le voir s'il n'appartenait à la maison de Viviane. Il ne pouvait davantage le découvrir par hasard en tombant dans l'eau, car il s'y serait noyé.

C'est là que Viviane avait emmené Lancelot. Dans cet univers féerique vivaient nombre de chevaliers, de dames et de demoiselles avec tous leurs valets et toutes leurs suivantes.

Viviane s'occupa de Lancelot et l'éleva mieux encore que s'il s'était agi de son propre fils. Nul ne savait son nom et chacun se plaisait à l'appeler « Beau trouvé » ou « Fils de roi ». L'enfant pensait que Viviane était sa mère. Après avoir eu une bonne nourrice pendant trois ans, il fut confié à un bon maître qui lui enseigna tout ce qu'il devait savoir, même des jeux comme les dames ou les échecs. Il faisait montre d'une grande facilité à apprendre et à retenir, et tous s'émerveillaient de son esprit.

Son maître lui montra aussi comment se comporter avec noblesse en toute circonstance. Il lui apprit à tirer à l'arc, et Lancelot se montrait fort talentueux dans tous les exercices qu'il accomplissait. Dès qu'il fut en âge de chevaucher, Viviane lui offrit un cheval sur lequel il se promenait aux environs du lac, toujours escorté de noble compagnie.

Il avait le teint clair, sa bouche était bien faite, ses dents blanches. Son menton, bien formé, était creusé d'une petite fossette. Il avait le nez légèrement aquilin et de beaux yeux bleus. Son regard était toujours vif, qu'il exprimât la joie ou la colère. Il avait le front haut, les sourcils fins et serrés. Ses cheveux blonds ondulaient harmonieusement. Ses épaules étaient larges et tout son corps bien musclé. C'était merveille de le voir. Enfin, sa voix charmait ceux qui l'écoutaient tant elle était mélodieuse.

Son cœur était à l'image de son corps. Lancelot était fin, généreux avec tous et faisait preuve d'un grand sens de la justice.

6

Générosités de Lancelot

Un jour qu'il chassait un chevreuil, Lancelot distança ses compagnons, poursuivit seul la bête, la rejoignit et la tua. En revenant vers les siens, il rencontre un tout jeune homme à pied, les éperons rougis du sang de son cheval qu'il mène avec lui, et qui ne peut s'empêcher de laisser aller ses sanglots.

— Qui êtes-vous ? lui demande Lancelot, et quelle est la cause de cette grande peine que je vous vois ?

— Je suis un jeune chevalier et j'ai promis de venger mon honneur demain à la cour du roi Claude de la Terre Déserte, or je me sens dans l'impossibilité de répondre à mon engagement. Mon cheval blessé est trop fatigué pour que je lui demande davantage.

— Est-ce là le seul motif de votre chagrin ?

— Oui, en vérité.

—Si vous aviez maintenant une bonne monture, pourriez-vous parvenir à l'heure à votre rendez-vous ?

—Sans nul doute, j'aurais même plus de temps qu'il ne m'en faut.

—Alors, au nom de Dieu, reprend Lancelot, échangeons nos chevaux, il ne sera pas dit que je ne serai pas venu en aide à un homme d'honneur.

À ces mots, Lancelot met pied à terre. Il abandonne sa monture au jeune homme. Il charge le chevreuil sur le cheval blessé et s'éloigne sans même écouter les chaleureux remerciements que lui prodigue le jeune homme tout content de cette rencontre.

Il n'a fait que peu de chemin lorsqu'il croise un vavasseur. Celui-ci tient deux lévriers en laisse. Par grande courtoisie, ainsi qu'il en a l'habitude, l'enfant s'empresse de le saluer.

—Que faites-vous donc ici ? demande le vavasseur, aussitôt après avoir répondu au salut, tout étonné de rencontrer un si jeune enfant tout seul.

—J'étais en train de chasser et ne pensais qu'à courir cette bête. J'ai alors perdu de vue ma compagnie. Sachez que c'est moi qui ai tué ce chevreuil. Si cela vous fait le moindre plaisir, je vous en donnerai volontiers une partie.

— Grand merci, bel ami doux, je me garderai bien de refuser pareille offre. En effet, je marie ma fille et c'est en vain que j'ai chassé toute la journée. Je ne rapporte rien pour réjouir tous ceux qui m'ont fait l'honneur et la joie de venir à ses noces.

En disant ces mots, le vavasseur met pied à terre et s'approche du chevreuil pour le découper.

— Quel morceau puis-je emporter ? demande-t-il à Lancelot.

— Messire, êtes-vous chevalier ?

— Oui, en vérité.

— Alors, ne découpez rien. Prenez toute la bête. Le produit de ma chasse ne saurait mieux convenir qu'aux noces de la fille d'un chevalier.

Tout en remerciant Lancelot pour sa noblesse d'âme, le vavasseur ne cesse de se demander qui est ce bel enfant qui ressemble tant au roi Ban de Bénoïc. Il ne peut se retenir de poser la question :

— Vous me feriez grand plaisir, bel ami, si vous vouliez me dire qui vous êtes. Vous ressemblez fort à celui qui fut mon seigneur. C'était le meilleur qu'on pût voir sur terre.

— Qui donc était ce seigneur avec lequel vous me trouvez une si grande ressemblance ?

— Je pense au roi Ban de Bénoïc. Il a été dépossédé

de toutes ses terres par le roi Claude de la Terre Déserte qui a agi par traîtrise et félonie. Depuis cette époque, on est sans nouvelles de son fils. Si c'est vous, ne manquez pas de me le dire, car je fais le serment de vous défendre et protéger mieux que je ne le ferais pour moi-même.

— Il est vrai, messire, que l'on m'appelle parfois « fils de roi », répond Lancelot, mais, en toute franchise, j'ignore si je suis celui dont vous parlez.

— Beau doux enfant, qui que vous soyez, il est clair que vous êtes issu d'un noble lignage. Votre cœur est pur et droit. Je veux vous offrir un de mes deux lévriers, les meilleurs qui soient au monde. Je vous laisse choisir celui que vous préférez.

Ravi, l'enfant prend un des deux chiens.

Après des remerciements et des saluts, chacun s'en va de son côté.

7

LA SAGESSE DE LANCELOT

Peu après, Lancelot retrouve son maître et tous ses compagnons. Ils sont fort étonnés de le voir revenir à pied, escorté d'un maigre cheval au bord de l'épuisement et tenant un lévrier en laisse. Le maître prend la parole le premier.

— Qu'avez-vous fait de votre cheval ?

— Je l'ai donné, répond Lancelot, sans autre explication.

— Et d'où vient ce lévrier ?

— On m'en a fait cadeau.

— Que veut dire tout cela ? Dites-moi toute la vérité.

Lancelot raconte sa chasse et les deux rencontres qu'il a faites.

— Comment, s'écrie le maître sèchement, vous

avez donné votre monture et votre gibier sans nulle permission de celle à qui tout appartient ! Vous vous en souviendrez.

Il donne une forte gifle à l'enfant qui, sous le coup, tombe à terre. Lancelot ne pleure ni ne crie. Il répète :

— Je préfère de beaucoup ce lévrier au cheval que j'avais.

Le maître ne peut contenir sa colère face à ce qu'il prend pour de l'insolence. Il s'approche du lévrier et le fouette. Le chien se réfugie en hurlant près de Lancelot.

Furieux, l'enfant saisit alors son arc et le brise sur le visage de son maître. Celui-ci tombe, étourdi sous la violence du choc. Les compagnons de Lancelot tentent de le calmer et de s'emparer de lui. Ne pouvant plus utiliser son arc, l'enfant saisit ses flèches et s'en sert comme de javelots. Craignant d'être blessés, les autres abandonnent leurs efforts pour le tempérer et s'enfuient.

Un temps, Lancelot erre solitaire dans la forêt.

À son retour au château, il se rend sans plus tarder chez Viviane pour lui montrer le beau lévrier qu'il est fier de posséder. La demoiselle l'accueille d'un regard sévère. Le maître lui a déjà raconté ce qui s'est passé à l'issue de la chasse.

Elle dit alors :

— Je m'étonne fort de votre comportement ; il est indigne de vous. Comment avez-vous pu agir de la sorte et frapper, jusqu'à le blesser, celui à qui j'avais confié le soin de vous instruire et qui s'est toujours acquitté fidèlement de sa tâche sans que nul n'y trouve à redire ?

— Dame, si mon maître vous a raconté tout ce qui m'est arrivé, vous devez juger au fond de vous-même que j'ai agi avec sagesse en donnant d'abord mon cheval puis le fruit de ma chasse. Pour ces deux nobles actions, j'ai été battu, est-ce légitime ? Ensuite, cet homme a fouetté cet animal innocent parce que je l'aimais, il s'est conduit injustement. Je suis très fâché après lui.

Viviane est heureuse d'entendre Lancelot répondre avec tant de fierté. Toutefois, elle ne peut laisser voir son contentement. Aussi continue-t-elle de paraître irritée.

— Mais vous avez donné ce qui m'appartient. Nul ne peut disposer du bien d'autrui.

— Il est vrai, dame, j'en conviens. Tant que je serai chez vous, je ne pourrai agir librement et donner ce qu'il me plaît. Mais sachez que le jour où je voudrai et pourrai fuir cette tutelle, je le ferai, car le cœur de l'homme ne peut s'épanouir que s'il est pleinement libre. Dès aujourd'hui je ne veux plus de maître. Je ne souhaite que d'entrer au service d'une dame ou d'un seigneur. Ne croyez-vous pas qu'il a tout lieu d'être bien malheureux, celui que l'on se plaît parfois à appeler « fils de roi » et qui pourtant ne peut disposer de rien librement ?

Une telle sagesse étonne Viviane.

— Beau fils, dit-elle, ne soyez point triste. À l'avenir, vous serez libre de donner tout ce qu'il vous plaira d'offrir. En outre, je veux que désormais vous vous considériez comme votre propre maître. Que vous soyez fils de roi ou non, il est bien vrai que vous en avez le cœur et la noblesse, et cela seul importe.

8

LES ENFANTS DU ROI BOHOR DE GANNES

À quelque temps de là, Viviane appela une de ses suivantes. Elle avait nom Saraide. Jeune et belle, elle méritait toute la confiance que lui accordait la demoiselle, tant elle était sage.

— Je vais vous charger d'une mission délicate, lui dit-elle.

Et Viviane d'expliquer à Saraide qu'elle devrait se rendre à la cité de Gannes et ce qu'elle devrait y faire.

C'est ainsi que, quelques jours plus tard, le roi Claude de la Terre Déserte vit arriver la jeune Saraide menant deux lévriers en laisse. Le roi tenait sa cour. Il était assis avec tous ses chevaliers dans sa grande salle. La jeune fille le salue, puis s'adresse à lui en ces termes :

— Roi Claude, je t'adresse le salut de la meilleure

dame qui soit au monde. Elle te considère comme un homme de grand mérite. Mais le bruit de vilaines actions que tu aurais accomplies est venu jusqu'à elle. Elle voudrait que tu les répares ou que tu jures solennellement de ton innocence.

— Soyez la bienvenue, gente demoiselle. Votre dame est bien aimable. Il est possible qu'elle surestime mes mérites. Mais là n'est pas l'important. Dites-moi plutôt les torts qui me seraient reprochés.

— Je vais te le dire. Le bruit court que tu retiens prisonniers les deux fils du roi Bohor de Gannes. Ils n'ont pourtant commis nulle félonie qui pourrait justifier un tel acte. Si cette accusation est vraie, quels sombres projets nourris-tu donc à leur égard ? Pourquoi ne pas plutôt leur rendre les honneurs et le rang qui leur sont dus ? Ce serait agir avec justesse que de les traiter dignement et de leur garder leur terre.

Le roi Claude voit bien qu'il ne peut nier ce qui lui est reproché.

— Hélas, vous n'avez dit que vérité. Que l'on aille chercher les enfants et qu'on les mène ici avec tous les honneurs qu'ils méritent.

Or, pendant le repas qu'il prenait avec les enfants dans la tour où ils étaient détenus, Pharien s'était soudain mis à pleurer. Il songeait à l'époque glorieuse où régnait le roi Bohor et où tout était justice dans le royaume, et il voyait, devant lui, les deux enfants dépouillés de leur couronne et de leurs biens. Lionel, l'aîné, s'était alors levé de table. Il avait bien compris la cause des larmes de son maître. Il avait dit alors :

— Je fais le serment de ne plus toucher ni nourriture ni boisson avant d'avoir vengé mon père. Pharien, je vous demande de trouver un prétexte pour faire venir le roi Claude. Je le tuerai. Je ne crains pas de périr dans cette entreprise. Mieux vaut une mort glorieuse que la vie sans honneur d'un déshérité qui n'a pas cherché à venger sa honte.

Inquiet devant l'engagement solennel que venait de prendre l'enfant, Pharien avait aussitôt répondu :

— Ne faites pas ce serment, Lionel, je vous en conjure, l'heure de votre vengeance n'est pas encore venue.

C'est alors qu'était arrivé le sénéchal du roi Claude, avec pour message de faire venir les enfants dans la salle du palais, où se tenait la cour.

Lionel feint de montrer un grand contentement à l'idée d'être reçu par le roi. Il pense que l'occasion est propice à la réalisation de son dessein. Il dit :

— Mon frère et moi sommes sensibles à cet honneur.

Accompagnés de leur maître, montés sur deux

palefrois, les deux enfants se rendent au palais. Le peuple se presse en foule sur leur passage et les acclame longuement et chaleureusement.

Lionel et Bohor entrent dans la salle, la tête haute, le regard fier. À les voir tous deux l'allure si altière, de nombreux chevaliers, qui avaient connu le temps du roi Bohor, leur père, dissimulent à grand-peine leur émotion.

Le roi Claude est assis devant une table richement parée. Il a revêtu la tenue qu'il portait le jour de son sacre. Devant lui reposent sur un support d'argent son sceptre et sa couronne.

Un peu plus loin est posée une magnifique épée tranchante.

— Soyez les bienvenus, se contente-t-il de dire aux enfants.

Puis il saisit une coupe et la tend à Lionel. Celui-ci n'a d'yeux que pour l'épée. Saraide s'en aperçoit mais elle ne veut rien laisser paraître. Elle pose délicatement la main sur la joue de l'enfant et elle lui tourne le visage vers la coupe.

— Buvez maintenant, beau fils de roi, dit-elle simplement.

— Demoiselle, puisque vous m'en priez, je boirai donc, dit Lionel en saisissant la coupe que lui tend

Claude, mais laissez-moi vous dire qu'un autre paiera le vin.

Son jeune frère Bohor s'écrie alors :

— Jette la coupe, brise-la.

Lionel n'attendait pas cette injonction. Il élève la coupe et, avant que quiconque ait pu prendre conscience de ce qu'il faisait, il en frappe de toutes ses forces le visage du roi Claude qui se tient tout près de lui. Son geste est si violent que le front du roi s'ouvre et se met à saigner abondamment.

D'un geste rageur, Lionel renverse l'épée, jette le sceptre et la couronne au sol et les piétine tandis que les pierres précieuses qui ornent la coiffe royale se répandent et s'éparpillent. Le fils du roi Claude de la Terre Déserte, Dorin, s'élance promptement au secours de son père qui gît sur le sol, couvert de sang et de vin. Les chevaliers présents se lèvent tous. Les uns prennent parti pour les enfants dont ils admirent le courage et l'audace. Les autres, au contraire, cherchent à les retenir.

Tout le palais s'emplit d'une grande rumeur. Les enfants se défendent farouchement : Lionel de l'épée qu'il a ramassée, Bohor du sceptre dont il s'est emparé. Guidés par Saraide, ils se dirigent vers la porte de la salle. Alors qu'ils sont sur le point d'atteindre l'issue,

Dorin veut empêcher leur fuite. Il se précipite sur eux mais tombe rapidement sous les coups réunis de l'épée et du sceptre.

Le roi Claude s'est relevé. Il voit bien le tour que prend la situation. Il s'empresse de saisir une arme et de courir après les enfants. Il est sur le point de les rejoindre. Voyant cela, Saraide jette sur eux un enchantement que Viviane lui a appris. Les deux frères prennent l'aspect des deux lévriers avec lesquels elle était venue à Gannes, tandis que les chiens prennent celui des deux jeunes princes. Elle se met devant le roi dont l'épée levée la blesse légèrement au sourcil.

— Roi Claude, quelle est la signification de tout cela ? J'ai bien chèrement payé la visite que j'ai faite avec grande courtoisie à votre cour. Vous m'avez blessée et, en outre, vous vous apprêtez à tuer mes deux innocents lévriers qui sont parmi les plus beaux que l'on puisse trouver au monde.

Le roi Claude est tout ébahi de voir qu'il est sur le point de frapper deux chiens qui s'enfuient, effrayés du tumulte. Il se calme un peu, se retourne, voit deux enfants à l'autre bout de la salle. Il donne l'ordre de les enfermer.

Ensuite, il pleure longuement et amèrement la mort de son fils.

Pharien et son neveu, Lambègue, sont aussi fort tristes car ils croient que leurs jeunes seigneurs, pour lesquels ils ont tant fait, sont de nouveau prisonniers et dans des conditions encore plus pénibles. Ils ne doutent pas que Lionel et Bohor soient voués à une mort prochaine.

Saraide, quant à elle, rejoint ses écuyers. Ils sont tout étonnés de voir la blessure qu'elle porte au visage. Ils s'empressent de la soigner et de panser sa plaie. Puis tous gagnent le bois.

Là, devant les yeux émerveillés de ses gens, Saraide lève l'enchantement et ils voient paraître deux beaux enfants à la place des lévriers.

— Qui sont ces deux jeunes garçons ? demandent-ils tous.

Mais Saraide ne veut point le leur dire.

Tous prennent sans tarder la direction du lac de Diane où Viviane les attend en son château.

9

LA RÉVOLTE CONTRE CLAUDE DE LA TERRE DÉSERTE

En apprenant que le roi Claude a, de nouveau, fait enfermer leurs jeunes seigneurs légitimes, de nombreux chevaliers et habitants de la cité de Gannes sont pris d'une juste et violente colère. Spontanément, ils se soulèvent et courent aux armes. Pharien se met à leur tête tandis que se joignent à eux plusieurs barons de Bénoïc qui souffrent aussi d'être devenus les vassaux de Claude de la Terre Déserte.

De son palais, le roi perçoit le tumulte grandissant. Il est grandement inquiet, car il n'a avec lui que peu de gens de la Terre Déserte, les seuls dont il puisse être pleinement sûr, pour l'aider à se défendre. Il met un haubert, lace son heaume, saisit un écu et s'arme d'une hache. Il est prêt à faire front aux assaillants. Le château est bombardé de pierres et de flèches. Les carreaux ne tardent pas à voler en éclats. Le roi Claude sort, accompagné des siens. Tous se jettent dans la mêlée où de rudes coups sont échangés.

Lambègue, le neveu de Pharien, est déchaîné. Il déteste Claude depuis longtemps. En outre, sa haine s'accroît lorsqu'il voit le roi mettre à mal plusieurs de ses compagnons.

Il enfourche son destrier et, d'aussi loin qu'il peut, charge Claude, la lance en avant. Le coup est rude et l'arme perce l'épaule du roi de part en part. Mais l'élan donné au cheval est tel que Lambègue ne peut arrêter la bête qui se précipite contre la muraille où elle s'écrase la tête. Désarçonné, Lambègue demeure étourdi sur le sol. Le roi Claude, de son côté, perd son sang en abondance. Il s'appuie un bref instant contre le mur puis s'affaisse, alors que continuent de voler tout alentour pierres et flèches.

Lambègue revient à lui. Il se dresse et court sus au roi Claude, l'épée à la main. Il est sur le point de le frapper lorsque Pharien s'interpose.

— Beau neveu, dit-il, vous ne devez pas frapper cet homme. C'est votre seigneur.

— Comment, répond Lambègue, c'est vous qui défendez maintenant ce traître qui a honni les fils de notre véritable regretté seigneur et qui s'apprête à les livrer à la mort ? Ne me retenez pas.

— Calmez votre colère, beau neveu. Je fais le serment devant Dieu qu'il est vrai que nul plus que moi ne cherche le salut des enfants du roi Bohor, mon ancien seigneur. Mais j'ai fait hommage à cet homme. Je dois donc le protéger, de toutes mes forces, de mort et de honte, quels que soient ses torts ou les méfaits qu'il ait commis, tant que je ne lui ai pas loyalement repris ma foi. C'est pourquoi j'ai pris part à la révolte pour assurer la vie sauve aux enfants et obtenir leur libération, mais je m'oppose à ce que l'on porte la main sur le roi Claude. Vous l'avez déjà assez mis à mal par votre coup de lance.

Le roi entend ce que dit Pharien. Il prend la parole à son tour :

— Pharien, vous parlez comme un homme lige juste et droit. Voici donc mon épée, je vous rendrai les enfants.

Puis, affaibli par tout le sang qu'il a perdu, il s'évanouit.

La mêlée prend fin. Les combattants des deux camps se retirent. Ceux de Gannes sont heureux de l'issue de l'affrontement. Ils n'ont pas lutté en vain.

Toujours sans connaissance, le roi Claude est emporté dans une salle du château.

On le défait de son heaume et de son haubert. Ses gens et des médecins soignent ses plaies profondes.

Ils font si bien que le roi recouvre ses esprits.

Il demande :

— Que l'on aille chercher les enfants du roi Bohor !

Mais c'est au moment où la bataille était la plus farouche que Saraide avait mis fin à l'enchantement. Tous sont donc ébahis de voir sortir, au lieu de Lionel et Bohor, deux lévriers de la salle où l'on avait enfermé les enfants.

— Vous nous avez menti, sire, dit Pharien, où sont donc les fils du roi Bohor ?

— Hélas, je vois bien que la demoiselle a enlevé les enfants par je ne sais quel enchantement et qu'elle nous a laissé ces lévriers à leur place.

Pharien a du mal à contenir Lambègue dont l'exaspération est à son comble.

— Encore une traîtrise, dit-il sur un ton de grande colère.

— Ne m'accusez pas, reprend le roi Claude, jurant de son innocence. Je suis prêt à demeurer votre prisonnier et à rester parmi vous en otage jusqu'à ce que vous ayez des nouvelles dignes de foi de Lionel et de Bohor.

La question est des plus graves. Pharien ne peut décider tout seul de la conduite à tenir. Les barons sont convoqués. La discussion est longue entre les chevaliers.

À la fin de la délibération, malgré l'avis de Lambègue et de quelques autres, la proposition du roi Claude est acceptée. Il demeurera à Gannes, prisonnier sur parole.

10

LANCELOT ET SES COUSINS

Saraide, Lionel, Bohor et les écuyers qui les accompagnent chevauchent longuement.

Ils pénètrent dans la forêt de Brocéliande et parviennent enfin au château mystérieux de Viviane. La demoiselle est fort joyeuse de leur arrivée. Après d'aimables paroles de bienvenue, elle met les enfants en présence de Lancelot.

Les deux frères partagent ses jeux et, rapidement, il les préfère à tous ses autres compagnons. Ils ne savent pourtant pas qu'ils sont cousins.

Le soir venu, les enfants décident de partager la même chambre, tant est grande et bonne leur entente.

Toutefois, au bout de quelques jours, Lionel et Bohor font triste mine. Leurs jeux sont moins gais et ils ne témoignent plus du même entrain. Parfois même, leurs yeux sont rouges comme s'ils avaient pleuré. Viviane s'inquiète de ce changement d'attitude.

Elle leur demande :

— Qu'avez-vous, beaux doux enfants ? Quelque querelle est-elle née entre Lancelot et vous ?

— Non pas, dame, en vérité.

— Alors, dites-moi sans plus attendre quelle est la cause de cette tristesse que vous ne pouvez dissimuler.

Les enfants restent muets, les yeux baissés. Viviane insiste, mais ses efforts pour en savoir davantage demeurent vains. Elle charge alors Lancelot de s'enquérir auprès d'eux. Peu après, l'enfant revient.

— Dame, j'ai appris ce que ni Lionel ni Bohor n'osaient vous dire. Ils chérissent fort Pharien et Lambègue, qui ont si bien pris soin d'eux depuis la mort de leur père. Ils leur manquent. Vous êtes si bonne pour eux qu'ils craignent de vous contrarier en vous le disant.

Soulagée, Viviane répond :

— Je les enverrai quérir dès demain. Allez annoncer ma décision à Lionel et Bohor. Dites-leur que je ne suis nullement contrariée, qu'ils se réjouissent et retrouvent leur gaieté et leur entrain.

Viviane charge alors une jeune fille d'aller à Gannes chercher Pharien et Lambègue. Elle lui ordonne de les ramener par un chemin si caché et si mystérieux que nul ne pourra savoir où ils sont allés, afin que le secret de son château demeure préservé.

Les deux enfants confient chacun leur ceinture à la demoiselle, afin qu'elle puisse se faire reconnaître et bien montrer qui l'a envoyée. Elle ne tarde pas à se mettre en route. Arrivée à Gannes, elle cherche et trouve les deux hommes. Ils se réjouissent fort quand ils apprennent que leurs jeunes seigneurs, dont ils étaient sans nouvelles, sont sains et saufs en un lieu sûr.

Aussitôt, en respect de la parole donnée, liberté est rendue au roi Claude de la Terre Déserte. Puis Pharien et Lambègue se préparent à suivre la jeune fille en direction de la forêt de Brocéliande.

Pharien et Lambègue montrent un grand étonnement lorsqu'ils arrivent près du lac de Diane et qu'ils voient la jeune fille les mener vers l'eau sombre et profonde.

— Suivez-moi sans crainte, leur dit-elle.

Elle plonge. Ils croient se jeter à l'eau à sa suite. Ils s'émerveillent alors de voir l'eau s'évanouir devant eux. Ils se trouvent aux abords du château.

Peu après, les enfants leur réservent le meilleur accueil. Ils se sourient et s'embrassent longuement.

— Dame, grand merci, notre joie est complète maintenant, disent Lionel et Bohor à la Dame du Lac.

Le lendemain, tous vont faire ensemble une grande promenade en forêt. Des chevaliers et des écuyers les escortent. Il fait bon aller. Le temps est doux. Au cours de la chevauchée, Pharien s'approche de Viviane et lui dit :

— Pour l'amour de Dieu, Dame du Lac, continuez de prendre grand soin de ces deux enfants que vous avez recueillis. Ce sont les fils du meilleur et du plus loyal seigneur qui ait été. Ils sont heureux ici, mais s'il vous advient de ne plus pouvoir les protéger de leurs ennemis, confiez-les-nous. Nous les aimons autant qu'ils nous aiment, nous l'avons bien montré. Si Dieu le veut, nous les aiderons à recouvrer leur héritage, car tous les hommes de Gannes seront prêts, à notre signal, à risquer leur vie pour eux et pour la justesse de leur cause.

Viviane sourit et dit :

— Je sais ce que vous avez fait pour eux, Pharien, mais soyez sans crainte, je saurai garder comme il convient les enfants du roi Bohor de Gannes. Quant à vous, ainsi que Lambègue, demeurez auprès de nous.

Les enfants en auront grande joie et y trouveront grand profit. Je ne vous demande qu'une chose : ne cherchez jamais à savoir qui je suis.

Pharien et Lambègue acceptent volontiers la proposition de Viviane.

Mais Lionel a entendu les paroles de Pharien à propos des terres dont il a été dépossédé. De grosses larmes coulent de ses yeux.

Aussitôt, Lancelot s'inquiète :

— Qu'avez-vous donc, Lionel ?

— Je pense à la terre de mon père et aussi au grand malheur qui nous est advenu.

— Il ne faut point trouver là sujet de pleurs. Sachez, beau cousin, que vous ne manquerez jamais de terres si vous avez assez de noblesse et de courage pour en conquérir. Votre bien vous reviendra légitimement parce qu'il sera le fait de vos prouesses.

Tous admirent qu'un si jeune enfant fasse preuve de tant d'esprit. Mais la Dame du Lac l'appelle et lui demande :

— Beau fils, comment avez-vous eu la hardiesse d'appeler Lionel votre « cousin » ? Vous savez qu'il est le fils aîné du roi Bohor de Gannes.

— Dame, bien que l'on m'appelle parfois « fils de roi », je ne sais si je le suis. Mais si la vraie noblesse

est celle du cœur, je crois pouvoir appeler Lionel
« mon cousin ».

— Il est vrai, beau doux fils, dit Viviane, heureuse
d'entendre une telle réponse de la part de Lancelot.

Mais elle pense avec tristesse et émotion au temps
où il lui faudra se séparer de lui.

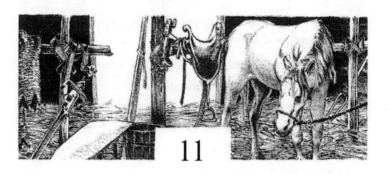

11

Lancelot quitte le domaine du Lac

Ainsi les années passent. Lancelot continue de grandir en âge et en sagesse au milieu de tous ceux qui appartiennent au domaine du Lac et en compagnie de ses cousins.

Lancelot est maintenant âgé de dix-huit ans. Quoi qu'il doive lui en coûter, la Dame du Lac sait qu'elle ne peut le retenir davantage auprès d'elle. Ce serait une trahison indigne de l'amour qu'elle lui porte. Le jeune homme a, en effet, l'âge d'être armé chevalier.

Un jour, Lancelot rentre de la chasse. À le voir devenu si fort et si hardi, Viviane sent que le moment de la séparation est venu.

Malgré ses efforts, elle ne peut dissimuler sa peine. Aussitôt, Lancelot l'interroge :

— Dame, d'où vous vient ce chagrin que je vous vois ?

— Pardonnez-moi, beau fils, et ne vous inquiétez pas. J'ai tort d'être triste, car ma tristesse naît de ce qui doit être votre joie. Dites-moi, désirez-vous être chevalier ?

— Ah ! Dame, vous le savez bien. C'est l'état auquel j'aspire le plus au monde.

— Et auprès de qui souhaitez-vous aller pour être adoubé ?

— Auprès du roi Arthur, le roi des deux Bretagnes.

— Eh bien ! beau doux enfant, votre souhait va se réaliser. L'heure va bientôt venir, en effet, de nous séparer. Vous savez combien je me suis attachée à vous, c'est pourquoi je montrai quelque chagrin tout à l'heure. Maintenant, écoutez-moi bien.

Viviane explique alors longuement au jeune homme attentif tous les devoirs du parfait chevalier. Elle lui dit comment il doit se montrer brave au service des faibles et de ceux qui sont sans défense, loyal et preux à l'égard des bons, et dur envers les félons.

— Votre cœur est tel, conclut-elle, que je suis sûre que vous serez un des meilleurs chevaliers du monde.

Depuis longtemps, la Dame du Lac a fait préparer toutes les armes qui seront celles de Lancelot. Elle lui remet un magnifique haubert tout blanc, un heaume couvert d'argent, un écu couleur de neige, une épée, grande, tranchante et légère, et une lance bien pointue. Son destrier, fort et vif, est blanc, comme tout son équipement et les riches habits de cour que Viviane lui offre.

Peu de temps après, Lancelot fait de longs adieux à tous ses compagnons du domaine du Lac, surtout à Lionel et Bohor, ses cousins. Puis, accompagné de Viviane et escorté d'écuyers, il quitte cet univers qui a été celui de toute son enfance en direction de la cour du roi Arthur.

Quelque temps plus tard, alors que le roi Arthur rentre à Camaaloth après une rude journée de chasse, il voit venir vers lui, au détour d'un chemin, une belle compagnie. Il est frappé par la blancheur qui émane de tout ce cortège. Le roi et tous ceux qui le suivent s'arrêtent, émerveillés.

Se détachant du groupe, une dame s'avance vers eux, elle est suivie d'un beau jeune homme à la tenue immaculée. Elle s'approche du roi Arthur.

— Je vous salue, noble dame, qui que vous soyez.

Viviane rend son salut au roi, puis lui dit :

— Sire, que Dieu vous bénisse comme le meilleur roi qui soit au monde. Je viens d'un pays lointain pour requérir de votre grâce un don que vous ne sauriez me refuser car il ne vous fera nul tort.

— Sachez, noble dame, que je vous l'octroierai, pourvu qu'il ne porte atteinte en aucune façon ni à mon honneur ni à mon royaume.

— Sire, soyez-en remercié. Je vous demande de bien vouloir armer chevalier ce jeune homme qui est avec moi, car il en a grand désir.

— Il me sera facile de faire ce que vous demandez, dame. Le moment ne tardera guère, je dois bientôt adouber plusieurs jeunes gens.

Le roi Arthur pense alors qu'il ne sait pas qui est cette noble et gracieuse dame à qui il vient d'accorder un don.

— Auriez-vous l'amabilité de me dire qui vous êtes ?

— Je suis la Dame du Lac, dit Viviane pour toute réponse.

Le roi Arthur n'a jamais entendu ce nom. Il se garde toutefois de poser d'autres questions. Il sent bien que la dame inconnue ne serait pas disposée à y répondre et il ne tient pas à se montrer importun ou discourtois.

La Dame du Lac s'approche de Lancelot.

— Beau fils, l'heure est venue de nous séparer complètement. Il convient que je vous dise que je ne suis pas votre vraie mère. Mais, si je ne la suis pas par le sang, je l'ai été par le cœur. Je vous ai élevé et chéri tout comme si vous aviez été mon fils. Votre lignage est des plus hauts et vous ne manquerez pas de savoir un jour le nom de vos parents. Je sais que vous serez digne d'eux. Mon dernier conseil sera de vous dire d'égaler votre beauté par vos prouesses, de rechercher les aventures et les exploits, de surpasser tous les autres dans la quête du beau et du bien.

— Dame, je me souviendrai toujours de ce que j'ai appris en votre compagnie et je me rappellerai sans cesse ce que vous venez de me dire.

Viviane retire alors de son doigt un anneau qu'elle passe à celui de Lancelot. Puis elle embrasse longuement le jeune homme. Enfin, elle rejoint ses écuyers et s'éloigne, triste et pensive, suivie de son escorte.

Lancelot regarde longtemps dans sa direction. Il ne peut empêcher les larmes de lui monter aux yeux. Il se rend compte qu'une toute nouvelle existence va commencer pour lui. Il médite un instant.

L'escorte et la Dame du Lac ont disparu dans le lointain. Lancelot fait demi-tour et s'empresse de rejoindre le roi et sa suite, sans laisser paraître son émotion.

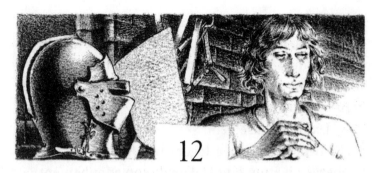

12

L'ADOUBEMENT DE LANCELOT

Lancelot chevauche en compagnie du roi Arthur et de sa suite. Ils ne tardent pas à arriver au palais. Là, Lancelot est présenté à la reine Guenièvre. Celle-ci trouve ce jeune homme inconnu des plus avenants et songe qu'elle n'en vit jamais de mieux fait. Quant à Lancelot, il s'émerveille de la beauté de Guenièvre qui surpasse celle de toutes les femmes qu'il a rencontrées, y compris celle de la Dame du Lac. Gracieusement, Guenièvre lui demande :

— Quel est votre nom ?

— Dame, je ne saurais vous répondre.

La reine pense qu'il est tout ébahi. Elle explique ainsi, au fond d'elle-même, cette étrange réponse. Pourtant, Lancelot dit vrai. Il ne pourrait que raconter son enfance chez la Dame du Lac, mais Viviane lui a fait promettre et jurer de garder le secret sur toutes ces années, et il ne saurait faire défaut à sa parole.

— De quel pays êtes-vous ? poursuit Guenièvre, à votre façon de parler, on dirait que vous êtes de la Petite-Bretagne.

— Dame, cela se peut.

Et Lancelot s'en va loger chez messire Yvain qui l'héberge en attendant la date de son adoubement.

Le jour tant attendu arrive. Après une nuit de veille, comme il convient en cette circonstance, Lancelot se prépare à être fait chevalier en même temps que d'autres jeunes gens.

Le roi Arthur est sur le point de lui remettre une épée. Une ravissante jeune fille pénètre alors dans la salle. Ses tresses semblent d'or fin et ses yeux bleus brillent de mille éclats. À son entrée, le roi Arthur et tous les assistants ont tourné leurs regards vers elle. Elle salue gracieusement.

— Dieu te protège, roi Arthur, je te salue, toi et toute ta noble assemblée.

— Soyez la bienvenue, gente demoiselle, que puis-je pour vous ?

— Sire, je suis envoyée par ma maîtresse, la dame de Nohant. Vous êtes son seigneur lige, aussi est-ce à bon droit qu'elle vient vous demander aide et assistance contre le roi de Northumberland qui ne cesse d'envahir ses terres. Ma maîtresse et lui sont parvenus à un accord. Ils sont convenus de se faire représenter par un ou plusieurs champions. Le nombre en devra être égal des deux côtés. Votre vassale vous prie donc de bien vouloir lui dépêcher au moins un de vos compagnons pour défendre justement son droit et le faire triompher.

— Soyez assurée, douce amie, dit le roi Arthur, que je ne refuserai pas mon aide à votre maîtresse.

Lancelot a entendu tous les propos tenus. La demoiselle remercie le roi, elle le salue et elle s'empresse de retourner auprès de la dame de Nohant pour lui annoncer le succès de sa démarche.

À peine a-t-elle quitté la salle que Lancelot se précipite aux genoux du roi Arthur.

— Sire, dit-il, je viens par vous d'être fait chevalier, ainsi que tel était mon plus cher désir. Vous ne pouvez me refuser le premier don que je vous demande. Je requiers de vous d'être envoyé au secours de la dame de Nohant en votre nom. Je me croirai bien peu estimé si vous me refusez d'être votre champion.

Le roi Arthur est bien embarrassé. Il hésite. Il est à la fois surpris et inquiet, ce nouveau chevalier est si jeune et inexpérimenté qu'il craint de lui confier une mission aussi délicate et dangereuse. Messire Yvain et messire Gauvain font remarquer qu'un refus de la part du roi serait une grave offense pour le jeune homme.

— J'accepte, se contente de dire le roi.

— Sire, je vous en sais infiniment gré, répond Lancelot.

Sans s'attarder davantage, Lancelot prend congé du roi et de ses barons. Peu après qu'ils sont sortis du château, messire Yvain, qui l'accompagne, le voit soudainement pâlir.

— Doux compagnon, d'où vous vient cette pâleur subite ?

— Je songe, messire, que j'allais partir sans avoir pris congé de la reine qui m'a réservé un si doux accueil. Il m'en faut retourner au palais.

Tous deux reviennent sur leurs pas. Ils se rendent chez la reine Guenièvre. Lancelot s'agenouille devant elle, les yeux baissés.

— Dame, dit messire Yvain, voici le jeune chevalier qui vous fut présenté l'autre jour. Il est venu prendre congé de vous.

— Part-il donc déjà ? s'enquiert Guenièvre, avec une nuance de regret dans la voix.

— Hélas, oui, dame, le roi lui a permis d'être le champion de la dame de Nohant qui a fait demander aide et assistance contre le roi de Northumberland qui veut s'emparer de ses terres.

La reine Guenièvre s'adresse alors à Lancelot :

— Vous me paraissez bien jeune pour que le roi vous ait octroyé un tel don. Il ne pouvait certes refuser votre demande. Relevez-vous, maintenant, beau chevalier inconnu.

— Dame, dit Lancelot, à vous aussi, j'ai une requête à présenter.

— Je vous écoute, quelle est-elle ? demande Guenièvre, intriguée par ces mots.

— Dame, me pardonnerez-vous d'avoir failli quitter le château sans venir vous saluer ainsi que je le devais par courtoisie ?

— Votre faute n'est pas si grande, elle est déjà oubliée, répond Guenièvre en souriant.

— Grand merci, dame. Si vous me le permettez, je me tiendrai toujours pour votre chevalier.

— Qu'il en soit donc ainsi, mon doux ami.

Il n'était de paroles prononcées qui auraient pu être plus douces au cœur de Lancelot. Tout ému, il prend congé de la reine Guenièvre et s'en va, toujours accompagné de messire Yvain.

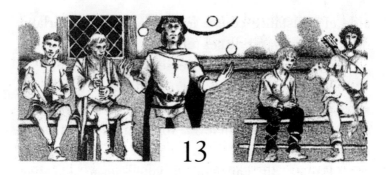

L'ACCUEIL DE LA DAME DE NOHANT

Les deux chevaliers sortent du palais. Messire Yvain s'aperçoit alors que Lancelot n'a pas d'épée.

— L'arrivée de la messagère envoyée par la dame de Nohant a interrompu le roi, dit-il. Il a oublié de vous armer, vous ne pouvez rester sans épée, il faut absolument vous en trouver une.

— Ne vous souciez pas de cela, messire, répond Lancelot, je n'en veux pas d'autre que la mienne. Mes écuyers l'ont emportée. Je m'en vais la quérir. Laissez-moi le temps de les rejoindre, attendez ici que je revienne.

Messire Yvain le laisse aller.

Lancelot ne revient pas.

Las d'attendre en vain, messire Yvain s'en retourne au palais.

Il narre ce qui s'est passé et comment il a été trompé. Le roi Arthur, la reine Guenièvre et de nombreux chevaliers pensent que le jeune homme doit être de très haut lignage et qu'il a été fort dépité que le roi ne l'ait pas adoubé le premier. Chacun croit trouver là l'explication de son étrange attitude.

En vérité, au fond de son cœur, Lancelot désire secrètement être armé de la main de la reine Guenièvre, mais nul ne le sait.

Lancelot chevauche si bien qu'il arrive à la cité de Nohant sans encombre. Il trouve un pays ravagé et dévasté. Tout n'y est que tristesse et désolation, les hommes du roi de Northumberland pillent sans vergogne tout ce qu'ils convoitent. Accompagné de ses deux écuyers, le jeune chevalier se rend au château.

La dame de Nohant est fort inquiète. Elle se demande comment elle va pouvoir défendre ses terres. Nombreux sont les blessés parmi ses chevaliers. C'est alors que le jeune homme, tout de blanc vêtu, se présente à elle.

—Dame, je vous salue. Je suis le chevalier envoyé par le roi Arthur pour assurer la défense de vos terres contre le roi de Northumberland.

La dame est grandement dépitée. Elle pense que

c'en est fait de ses terres, que le roi Arthur aurait dû songer à lui envoyer un champion plus confirmé. Elle ne sait que répondre :

— Allez vous reposer, vous en avez grand besoin, en compagnie de mes chevaliers.

Puis elle se retire dans ses appartements.

Lancelot fait ce qu'elle a dit. Il rejoint les chevaliers. Parmi eux, personne ne songe à lui adresser la parole.

L'heure du repas vient. Tous continuent de l'ignorer.

Exaspéré par une telle attitude dénuée de la moindre courtoisie, Lancelot appelle ses écuyers.

— Jamais je n'ai vu d'aussi peu aimables personnes. Nous ne saurions demeurer ici davantage. Allons à la recherche d'un logis en ville. Quand nous en aurons trouvé un, faites annoncer, de par toute la cité, que j'invite tous les pauvres et les indigents à souper, et faites venir des jongleurs et des ménestrels. Ainsi, nous aurons bonne et joyeuse compagnie selon notre goût.

Tous trois sortent du palais sans dire mot à personne ni prendre congé de quiconque, puisque nul ne s'est soucié d'eux. Ils trouvent une demeure où loger.

Vers la fin du repas, une fête commence dans la maison des hôtes de Lancelot. Les musiciens et les chanteurs répandent une franche gaieté. Attirés par les chants, les rires et les bruits, des chevaliers viennent regarder à la porte. Lancelot feint de ne pas les apercevoir. Il se garde bien de les convier à prendre place. Les chevaliers vont rapporter à la dame de Nohant que son défenseur festoie joyeusement dans un logis qu'il a pris en ville. Elle découvre alors le mauvais accueil qu'on lui a réservé dans sa maison.

« Moi-même, se dit-elle, j'ai eu tort de laisser voir mon dépit. Ce jeune chevalier est un envoyé du roi et le sort de mes terres dépend de lui. J'aurais dû le recevoir comme il convenait, l'inviter à ma table et l'honorer dignement. J'ai agi en grande folie. Je dois aller lui présenter des excuses et lui parler. »

Sans plus attendre, la demoiselle se prépare.

Elle se rend au logis de Lancelot. À son entrée, les musiciens cessent de jouer, les jongleurs interrompent leurs tours.

La demoiselle s'adresse à Lancelot :

— Messire, veuillez excuser le triste accueil que je vous ai réservé. Grands sont mes soucis. Veuillez ne pas me tenir grief de cette indigne attitude. Acceptez, je vous prie, de venir loger en ma demeure.

Lancelot a le sang vif, mais s'il est prompt parfois à la colère, il sait toujours aussi vite oublier les offenses.

— Dame, je suis venu pour l'amour du roi. Vous n'avez pas à être pardonnée. Il est vrai, de surcroît, que j'ai demandé au roi Arthur le droit d'être votre champion sans vous consulter au préalable.

La demoiselle sourit de cette amabilité et Lancelot la suit en son château.

14

LA DÉFENSE DE LA DAME DE NOHANT

Le lendemain matin, alors qu'il se prépare en vue du combat, Lancelot est tout surpris de voir, dans la cour du château, un chevalier tout armé, prêt à lutter. Il a tôt fait de reconnaître Keu, le sénéchal du roi Arthur.

Lancelot s'empresse de descendre et il arrive auprès du chevalier en même temps que la dame de Nohant.

— Dame, dit Keu, je suis venu soutenir votre droit contre le roi de Northumberland.

— C'est impossible, messire Keu, reprend aussitôt Lancelot, c'est moi que le roi a nommé et je suis arrivé le premier.

— Peu importe à mes yeux, votre droit passe après le mien, dit Keu d'un air hautain.

— Alors, sachez que je ne laisserai pas ma place de bon gré, vous devrez d'abord jouter contre moi, le vainqueur sera le champion de Nohant.

En entendant cela, la dame de Nohant a grand-peur. Elle craint fort que les chevaliers soient blessés dans ce combat. En outre, elle ne peut choisir et désigner l'un d'eux. Elle sait que le chevalier blanc a le droit pour lui, mais elle sait aussi combien le roi Arthur aime son sénéchal. Ce serait lui déplaire fortement que de faire déshonneur à ce dernier.

— Écoutez-moi, messires, ne joutez pas. Selon l'accord passé avec le roi de Northumberland, il m'est possible d'avoir plusieurs champions, pourvu que le nombre en soit le même dans chaque camp. Soyez donc tous deux mes défenseurs.

— Il en sera ainsi, disent ensemble Keu et Lancelot.

Le moment de la bataille décisive approche. Avec grande prudence, Lancelot vérifie que rien ne manque à son armure. Il examine son heaume, il choisit une belle lance bien ferme. Il monte en selle. À ce moment, la dame de Nohant, qui apprécie les sages précautions prises par le chevalier, s'aperçoit avec inquiétude qu'il n'a pas d'épée.

— Beau chevalier, allez-vous combattre sans épée ? Ce serait grande folie.

— Je ne m'en servirai pas avant d'en avoir reçu le commandement d'une personne dont je ne peux dire le nom, répond Lancelot.

— Laissez-moi, au moins, vous attacher cette lame au côté.

Peu après, les quatre champions prennent place aux différents coins du champ de bataille. Le signal est donné. Ils chargent alors de toute la vitesse de leurs chevaux. Keu et son adversaire sont désarçonnés tant le choc est violent. Tous deux demeurent étourdis sur le sol. Lancelot fait voler le chevalier contre lequel il lutte par-dessus la croupe de son cheval. Il propose alors à Keu, qui se relève avec peine, de changer d'adversaire :

— Le mien est plus mal en point que le vôtre, dit-il.

Le sénéchal feint de ne pas entendre la proposition qui lui est faite. Son orgueil en souffre.

Lancelot met pied à terre. Il n'aurait jamais attaqué à cheval un homme à pied. Il frappe de violents coups de masse. Rapidement, l'autre est rendu à merci.

De nouveau, il propose à Keu qui se bat farouchement :

— Changeons d'adversaire, je ne tiens pas à rester ici plus longtemps, cette lutte n'a déjà que trop duré.

Keu, fort courroucé, répond :

— Ne vous mêlez pas de mon combat, je suis homme à me tirer d'affaire tout seul.

Le sénéchal assène alors un coup d'une extrême force à son adversaire qui tombe brutalement comme mort.

Le roi de Northumberland voit bien que ses champions sont défaits. Il demande que la paix soit faite. La dame de Nohant invite les combattants à cesser toute lutte.

Keu ne s'attarde pas. Il repart pour la cour du roi Arthur. Il y raconte le déroulement du combat et son issue heureuse pour la cité de Nohant. La reine Guenièvre frémit en apprenant que le jeune chevalier tout de blanc vêtu avait voulu combattre sans épée. Aussitôt, elle en choisit une, la plus belle qui soit. Son pommeau est d'or finement travaillé. Sur-le-champ, elle la fait parvenir au château de la dame de Nohant où Lancelot se trouve encore. Le jeune chevalier la reçoit avec tant de joie que peu s'en faut qu'il ne perde le sens. Il songe :

« Maintenant, c'est à bon droit que je pourrai

penser que c'est la reine Guenièvre qui m'a vraiment armé chevalier. »

Peu après, Lancelot se prépare à prendre congé de la dame de Nohant et à quitter sa cité.

— Messire, que ne demeurez-vous ? Vous m'avez prouvé votre grande noblesse. Je suis prête à m'offrir à vous, avec toutes mes terres, si vous y consentez.

— Dame, je ne puis demeurer plus longtemps, le temps est venu que je m'en aille, répond simplement Lancelot.

La demoiselle voit bien que rien ne ferait changer d'avis le chevalier. Elle le voit partir à grand regret.

15

LA DOULOUREUSE GARDE

Lancelot part en quête d'aventures. Il ne veut reparaître à la cour du roi Arthur, et encore moins devant la reine Guenièvre, qu'après avoir accompli exploits et prouesses. Il désire que sa renommée le précède.

Longtemps, il chevauche sans encombre, escorté de ses écuyers. Tout à coup, le ciel s'obscurcit. Le vent se lève, des tourbillons de poussière aveuglent hommes et chevaux. Des éclairs percent les nuages. Le tonnerre gronde et la pluie se met à tomber violemment. Cette grande tempête dure plusieurs heures.

Enfin, elle s'apaise. Lancelot et ses écuyers aperçoivent alors dans le lointain un grand feu qui s'élève vers le ciel. Ils prennent cette direction. Le chemin est malaisé, il est plein de ronces et d'épines. Leur avance est difficile. À la suite de nombreux efforts, ils parviennent à une maison.

On leur réserve le meilleur accueil. L'hôte les reçoit avec grande courtoisie. Aimablement, sa fille, gracieuse et douce, aide Lancelot à se désarmer. Elle lui apporte de l'eau chaude et une serviette finement ouvragée. Quand le chevalier est prêt, elle le conduit dans une grande salle tout illuminée où un dîner est servi. Une dame, magnifiquement vêtue, s'y tient. Elle demeure silencieuse. Lancelot reconnaît Saraide.

— Je vous salue, noble demoiselle, votre rencontre m'est agréable entre toutes. Donnez-moi, je vous prie, des nouvelles de ma chère Dame du Lac.

— Sachez que c'est elle qui m'envoie vers vous. En effet, c'est demain que vous apprendrez le nom de vos parents et le vôtre.

Au fond de lui-même, il souhaite découvrir qu'il est de bon lignage. Il sait que son cœur en est digne.

Saraide continue :

— Vous devrez toutefois triompher d'abord d'une rude épreuve. Au-dessus de ce village se dresse un redoutable château que vous avez peut-être aperçu en arrivant. On l'appelle le château de la Douloureuse Garde. Nul chevalier n'a pu, jusqu'ici, s'y présenter sans être tué ou capturé. Le grand feu que vous avez

67

vu brûle en permanence, car ses habitants cherchent à attirer celui qui, après tous les malheureux champions qui s'y sont risqués, sera assez courageux pour venir les délivrer des tourments qu'ils endurent depuis bien longtemps. Pour y réussir, il faut d'abord conquérir la forteresse. Elle est protégée par deux murailles. À la porte de chacune des enceintes, dix chevaliers défendent l'entrée. On ne peut les affronter successivement car, aussitôt que l'un d'eux faiblit, les autres l'assistent ou prennent sa place. Il faut donc triompher de tous à la fois. Vous voyez combien l'entreprise est difficile.

Lancelot se rend compte de l'importance de ce qui lui est demandé. Il sait qu'il ne faiblira pas.

Pendant la nuit, tandis que le chevalier repose, les habitants du village prient avec ferveur pour son succès. Ils souhaitent, plus que tout au monde, voir la fin de leurs maux. Ils ont hélas tant de fois espéré en vain.

Au matin, le blanc chevalier s'arme. Il monte sur son destrier. Sans s'attarder, il gravit la butte qui mène à la forteresse. Il parvient à la première porte.

— Que voulez-vous ? lui demande aussitôt le guetteur.

— Conquérir cette place, répond simplement Lancelot.

À peine a-t-il prononcé ces mots que les dix chevaliers se présentent tout armés. Le chevalier blanc sait qu'il doit donner le meilleur de lui-même. Il heurte le premier de sa lance, il frappe le suivant de son épée. Il brise des écus, rompt des hauberts. Son arme tourne et fend en tous sens. Il fait si bien qu'à la fin, la plupart de ses adversaires sont morts ou hors d'état de continuer à combattre. Les derniers sont réduits à merci.

— Grâce, messire, disent-ils, de plus vaillants que nous ont péri à lutter contre vous. Nous nous reconnaissons comme vos prisonniers.

Lancelot se rend compte alors qu'il est blessé. Saraide l'a suivi et a assisté à la lutte âpre et farouche. Elle est heureuse qu'il se soit si bien comporté et ait fait montre d'un si grand courage. Elle change les armes du chevalier qui ont souffert des rudes coups qu'elles ont subis. Puis elle dit :

— Vous avez bien agi, certes, mais vous n'avez accompli que la moitié de la tâche. Il vous faut affronter maintenant ceux de la seconde porte.

Au-dessus de la seconde enceinte se trouve une immense statue. Elle représente un chevalier armé

69

sur son cheval. Elle est enchantée, si bien que, dès que Lancelot, prêt à combattre, lève les yeux sur elle, elle s'écroule.

Heureusement, le chevalier n'est pas atteint. Mais celui qui lui faisait front est tué net. Sans s'émouvoir, Lancelot baisse sa lance, pique des deux et fonce, de toute la vitesse de son cheval, sur les défenseurs restants. Deux sont tués net presque aussitôt. Effrayés, les autres reculent.

— Cet homme ne craint donc rien, c'est un vrai diable ! crient-ils.

Les plus proches du chevalier blanc demandent grâce tandis que les derniers s'enfuient sans plus attendre. Jamais ils n'ont affronté un tel combattant.

Alors la porte du château s'ouvre devant le vainqueur. À peine est-il dans la cour qu'une foule de dames, de demoiselles et de bourgeois acclament longuement le libérateur inespéré et se pressent au-devant de lui.

— Où est le maître de cette forteresse ? s'enquiert Lancelot.

On lui répond avec allégresse :

— Notre mauvais seigneur, Brandus des Îles, vient de s'enfuir lâchement, sans oser vous affronter, dès qu'il a appris la nouvelle de votre victoire.

Lancelot est vraiment le maître de la place.

Les habitants le guident vers un cimetière proche. Le mur qui l'entoure porte un grand nombre de heaumes. Sous chacun d'eux se trouve une tombe. Sur chacune, on lit une inscription : « Ci-gît… » suivie du nom d'un chevalier. Sur certaines, qui ne sont pas surmontées d'un heaume, l'inscription est écrite au futur. Le nom que l'on peut y lire alors est celui d'un des chevaliers du roi Arthur.

Au milieu du cimetière s'étend une large lame de métal. Elle est richement décorée et ornée de pierres précieuses. Lancelot s'en approche et y lit : « Nulle main d'homme ne soulèvera cette tombe, hormis celle de celui qui conquerra le château de la Douloureuse Garde. »

Les habitants disent à Lancelot que Brandus des Îles a fait de nombreuses tentatives infructueuses pour percer cette tombe et en desceller la lame, afin de connaître le secret qu'elle contient.

Lancelot appuie ses mains d'un côté. La lame se soulève aisément.

Une nouvelle inscription apparaît alors à ses yeux : « Ici reposera Lancelot du Lac, fils du roi Ban de Bénoïc et de la reine Hélène. »

Ainsi le chevalier apprend qui il est et quel est son

lignage. Il s'empresse de laisser retomber la lame pour dissimuler l'inscription. Seule Saraide a eu le temps de voir et de lire ce qui était écrit, mais elle se garde bien de rien dire.

Lancelot est alors conduit dans le palais de Brandus des Îles. De bons médecins soignent ses blessures et il se repose. La journée a été plus que rude.

Tous les habitants du château souhaitent qu'il reste quarante jours parmi eux. Ils savent que c'est la condition pour que les maléfices et sortilèges, qui pèsent sur eux et les accablent, prennent fin.

Un jeune homme, dont le frère est chevalier de la Table ronde, a assisté à la prise de la Douloureuse Garde. Il songe qu'il sera doux au roi Arthur d'apprendre une telle conquête. Il s'empresse d'aller le prévenir.

Après avoir chevauché du plus vite qu'il a pu, il se présente devant lui.

— Roi Arthur, je te salue comme le meilleur suzerain qui soit.

— Que Dieu te protège, répond le roi. Que veux-tu ?

— T'annoncer une nouvelle qui t'apportera grande joie. La forteresse de la Douloureuse Garde est conquise. Un chevalier inconnu a triomphé de tous ses défenseurs. Il a franchi les portes avec courage en faisant d'étonnantes prouesses. Moi-même, je l'ai vu à l'œuvre et l'ai grandement admiré.

— Cela ne se peut. Pourquoi cherches-tu à répandre traîtreusement de fausses nouvelles qui risquent de causer de grandes et douloureuses déceptions à ceux qui les entendent ?

— Sire, par la foi que je vous dois, je jure que je ne dis que vérité.

Un des chevaliers présents, qui a nom Aiglain, intervient alors :

— Sire, ce jeune homme est mon frère. Je connais son cœur. Il ne saurait mentir à quiconque. Comment chercherait-il à vous tromper ? Vous pouvez croire son témoignage, je réponds de lui comme de moi-même.

— Je me réjouis donc, dit le roi Arthur. Décris-nous cette merveille.

Le jeune homme narre toutes les prouesses de Lancelot sans en omettre aucune, puis il conclut :

— Je ne puis vous dire qui est ce merveilleux chevalier, mais son cheval, comme toutes ses armes, tout était entièrement blanc.

Le roi Arthur dit alors :

— Il est fort possible que ce soit ce jeune chevalier inconnu que j'ai adoubé le jour où l'envoyée de la dame de Nohant est venue demander du secours et qui est allé, après m'en avoir demandé le don, défendre les terres menacées de ma vassale. Que l'on aille chercher la reine !

Peu après, la reine Guenièvre entre dans la salle.

— Dame, lui dit le roi Arthur, préparez-vous à partir en ma compagnie. La forteresse de la Douloureuse Garde vient d'être conquise, nous allons nous y rendre dès que possible.

Ensuite, le roi Arthur donne les ordres nécessaires pour que son escorte se tienne prête pour le lendemain. Keu, le sénéchal, les accompagnera.

16

LA JOYEUSE GARDE

Quelques jours plus tard, après avoir chevauché sans encombre, le roi arrive au château de la Douloureuse Garde en compagnie de la reine et de toute leur escorte. Dès qu'il le voit, le guetteur lui demande :

— Qui êtes-vous et que voulez-vous ?

— Je suis le roi Arthur, cette dame qui m'accompagne est la reine Guenièvre. Laissez-nous entrer.

Le guetteur fait prévenir Lancelot. Aussitôt, celui-ci se presse d'aller au-devant du couple royal. Il arrive à la porte.

À la vue de la reine, Lancelot tombe en admiration. Il arrête sa monture. Son émotion est telle qu'il ne se rend pas compte que son cheval recule sous la voûte. Voyant cette manœuvre qu'il croit volontaire,

75

le guetteur pense obéir aux désirs du nouveau seigneur de la place et ordonne que l'on rabaisse la
herse. Lancelot est si troublé, sa contemplation muette
est si complète qu'il ne voit pas la grille abaissée
entre le roi, la reine et lui, pas plus qu'il n'entend
Keu, le sénéchal, lui crier :

— Messire, vous vous conduisez d'une bien vile
façon. Est-ce ainsi qu'il convient d'accueillir son
suzerain ? Faites lever cette herse sans tarder.

Lancelot ne se rend toujours compte de rien.
Saraide, qui est là, s'approche de lui. Elle le tire par la
manche de son manteau et dit :

— Recouvrez vos esprits, messire, le roi et la reine
attendent qu'on leur ouvre. Donnez l'ordre au guetteur.

Lancelot reprend conscience. Il voit qu'il est sous
la voûte devant la herse fermée.

— Que l'on s'empresse d'ouvrir, ordonne-t-il
sèchement, ne comprenant pas comment cette grille a
été rabaissée.

Le roi Arthur, la reine Guenièvre, le sénéchal Keu
et toute l'escorte pénètrent dans la cour. Ils y trouvent
une foule d'hommes et de femmes silencieux et en
pleurs. Le roi Arthur est fort étonné de voir tous ces
visages tristes.

Lancelot, honteux de l'accueil qu'il a réservé au roi

et à la reine, traverse la cour tout armé et s'enfuit. Tous ceux qui pleuraient en silence s'écrient d'une même voix :

— Sire, sire, retenez-le, par pitié, ne le laissez pas s'en aller.

— Que voulez-vous dire ? demande le roi Arthur, de plus en plus intrigué. Véritablement, il se passe ici des choses bien étranges.

— S'il s'en va, les sortilèges du château continueront de nous accabler. Nous avons pourtant cru la délivrance si proche.

Il est trop tard pour retenir le chevalier tout de blanc vêtu. Il s'est éloigné aussi vite que son cheval pouvait le porter et il a déjà rejoint la forêt. En toute hâte, Keu se fait armer, monte sur son destrier, pique des deux et se lance à la poursuite de Lancelot.

Saraide s'approche alors de la reine Guenièvre.

— Dame, lui dit-elle, rappelez-vous toujours ce chevalier. Il a nom Lancelot du Lac, il est fils du roi Ban de Bénoïc que vous avez bien connu.

Plus tard, Keu, le sénéchal, revient. Il a chevauché et erré en vain, il n'a pas pu rejoindre Lancelot.

Après avoir passé la nuit chez un ermite qui l'avait recueilli, Lancelot chevauche tristement. Une seule préoccupation le hante : avoir offensé la reine. Il pense qu'il n'osera jamais se représenter devant elle. Il erre ainsi toute la journée.

Il rencontre un jeune homme qui s'adresse à lui dès qu'il le voit.

— Messire, je vous ai cherché tout le jour. Il faut que vous reveniez. Les habitants de la Douloureuse Garde retiennent la reine Guenièvre en prison. Ils disent que, quoi que fasse le roi Arthur, ils ne la libéreront pas avant que le chevalier vainqueur de la place n'ait délivré le château de tous ses maléfices. Madame la reine a fait envoyer partout des messagers à votre recherche pour vous prier de revenir.

Lancelot prend aussitôt, sans hésiter, la direction de la Douloureuse Garde.

À peine a-t-il franchi la porte qu'on referme la herse. Tous l'observent sans mot dire. Le chevalier n'a qu'une pensée en tête.

— Écuyer, où est Madame la reine ?

— Messire, suivez-moi.

Lancelot le suit vers un cachot. L'écuyer le laisse entrer puis reverrouille aussitôt la porte, enfermant le chevalier.

— Que veut dire tout cela, s'écrie Lancelot exaspéré, où est la reine ?

Alors l'écuyer lui dit la vérité.

— Messire, le roi Arthur, la reine Guenièvre et toute leur escorte s'en sont allés. Nous avons inventé cette ruse pour vous faire revenir. Nous tenons trop, en effet, à être délivrés de ces sortilèges et malédictions. Vous devez rester quarante jours parmi nous ou aller chercher les clés des enchantements.

— Il est hors de question que je reste enfermé quarante jours ici. J'irai chercher les clés des enchantements.

— Nous en donnez-vous votre parole de chevalier, messire ?

— J'en fais le serment sur ce que j'ai de plus sacré au monde. Libérez-moi sans plus attendre, répond le chevalier avec impatience.

Tous ceux qui sont là ont entendu le serment de Lancelot. Ils ont foi en sa parole. Ils lui ouvrent la porte et le conduisent dans le cimetière.

De là part un souterrain mystérieux. Lancelot s'y engage. Il aperçoit une étrange lueur dans le lointain. Une horrible rumeur retentit. Tout autre que Lancelot aurait pris peur, mais il continue d'avancer sans s'émouvoir. Un peu plus loin, une porte lui barre le passage. Elle est gardée par deux hommes fortement armés. Ils font tourner leurs épées sans cesse. Un minuscule insecte ne pourrait passer sans être blessé tant les moulinets sont serrés. Lancelot n'hésite pas. Il se protège la tête de son écu et s'élance, l'épée en avant. Il sent un coup violent s'abattre sur son bouclier et le briser. Il tombe sous la violence du choc. Son haubert même est percé, le sang coule de son épaule. Vite, il se relève et poursuit son chemin en ignorant la douleur.

Peu après, il arrive devant un puits d'où émane une affreuse puanteur. Il est gardé par un monstre aux yeux brillants et à la bouche qui crache des flammes. Il tient une solide hache à la main. Lancelot se couvre des restes de son écu, se rue sur le monstre et le saisit à la gorge. Il fait de douloureux efforts. L'étreinte est telle que la créature diabolique finit par laisser tomber sa hache. Au bord de l'épuisement, Lancelot jette le monstre dans le puits.

Lancelot reprend son souffle quelques instants. Sa blessure le fait cruellement souffrir. Lorsqu'il rouvre les yeux, une demoiselle est devant lui, silencieuse. Elle tient dans sa main droite les clés des enchantements. Derrière elle, un pilier sur lequel est écrit : « La grosse clé m'ouvre, la petite clé ouvre le coffret. »

Lancelot ouvre le pilier. Il y trouve un coffret. Il fait tourner la petite clé dans la serrure et soulève le couvercle. Alors, dans un affreux vacarme, s'enfuient les trente diables qui étaient cause de tous les tourments qu'enduraient les habitants du château. Le bruit est si insupportable que Lancelot, affaibli en outre par tout le sang qu'il a perdu, s'évanouit.

Il ne sait combien de temps s'est écoulé lorsqu'il reprend connaissance. La demoiselle a disparu et il n'y a plus devant lui ni puits ni pilier. Le chevalier ne s'attarde pas. Une autre surprise l'attend. À la sortie du souterrain, le cimetière est remplacé par un magnifique verger.

Tous les habitants de la cité viennent au-devant de lui. Ils l'acclament, le louent et lui font fête longuement. Dans cette liesse générale, il est décidé que dorénavant la Douloureuse Garde s'appellera la Joyeuse Garde.

Le lendemain, soigné et remis de ses blessures, Lancelot s'apprête à quitter le château, quoique tous souhaitent le retenir. Ils pensent qu'il eût été un bon seigneur. Ils regrettent son départ, mais ne peuvent rien dire ; Lancelot a tenu parole et leur a apporté la délivrance tant attendue. Ils ne l'oublieront pas.

17

La dame de Malehaut

Lancelot chevauche, absorbé par ses rêveries. Il songe à la reine Guenièvre qui emplit son cœur. Il pense tant à elle qu'il ne voit ni n'entend un chevalier. Celui-ci, irrité que l'on n'ait pas répondu à son salut, le bouscule.

— Vous ne voyez ni n'entendez donc rien pour être si discourtois ? dit-il avec arrogance.

— Excusez-moi, messire, répond Lancelot, j'étais tout absorbé par mes pensées.

Malgré les excuses de Lancelot, il l'insulte et le défie. À son corps défendant, Lancelot est obligé de jouter contre ce chevalier. Vite, ce dernier est défait et tombe mort, percé d'un coup de lance.

Lancelot continue sa chevauchée et arrive au domaine de Malehaut.

Une fois qu'il est dans la cité, il est dépassé par deux écuyers qui portent le heaume et l'épée d'un chevalier. Lancelot reconnaît les armes de celui qu'il vient de tuer. Peu après, il est assailli par de nombreux soldats. Son cheval est tué sous lui. Il se réfugie sur les marches d'une maison voisine et se défend avec courage. Il est toutefois sur le point de céder sous le nombre. La dame de la ville survient et dit alors :

— Je vous requiers de vous rendre à merci.

— Dame, pourquoi suis-je ainsi attaqué, en quoi ai-je mal agi ?

— Vous avez tué le fils de mon sénéchal.

— Dame, je l'ignorais, répond Lancelot.

Il accepte alors de lui tendre son épée et de la suivre.

Cette dame était très bonne et tous ses gens l'aimaient fort. Une fois dans sa demeure, elle dit à Lancelot :

— Votre prison sera douce.

Elle le fait enfermer dans une pièce dont les fenêtres, closes de grilles, s'ouvrent sur la salle de sa maison.

— Ainsi, dit-elle, vous pourrez avoir ma compagnie et nous pourrons nous entretenir quand nous le souhaiterons.

83

Un jour arrivent des messagers du roi Arthur. Ils demandent à parler à la dame. Elle les reçoit dans sa salle.

—Dame, lui disent-ils, Galehaut, sire des îles lointaines, a envahi les marches de Galore. C'est un homme courageux et sage, mais il s'est promis de conquérir trente royaumes. Quand le roi Arthur a appris que Galehaut se disposait à porter atteinte à ses terres, il s'est précipité tout seul au-devant de lui pour l'arrêter. À la vue d'un tel courage, le sire des îles lointaines lui a loyalement proposé une trêve pour qu'il puisse constituer une armée. Quand le roi Arthur aura rassemblé tous ses chevaliers, un grand tournoi sera organisé. Le suzerain a donc envoyé partout des messagers pour que tous répondent à son appel et le rejoignent afin de défendre le royaume.

De sa pièce, Lancelot entend la conversation.

Après le départ des messagers, il appelle celle qui le détient.

—Dame, dit-il, j'ai entendu que le roi Arthur est en difficulté. Je ne suis qu'un pauvre chevalier, mais ils sont nombreux en sa maison qui seraient prêts à payer une rançon pour moi, afin que je puisse participer à la défense du royaume.

—Sachez que je ne veux pas de rançon, répond la

dame, ce n'est pas par souci de richesse que je vous retiens, c'est par justice. Vous devez payer l'outrage que vous m'avez fait.

— Je le sais bien, dame, mais vous ne devez pas ignorer que le fils de votre sénéchal a été tué en combat loyal. Il m'avait insulté et provoqué, je n'ai pas cherché cette joute et n'ai fait que défendre mon honneur. Acceptez de me laisser sortir. J'irai combattre aux côtés du roi Arthur et, le soir, je rentrerai dans ma prison, sauf si je suis tué ou trop gravement blessé pour pouvoir revenir. Je vous en fais le serment.

— Je consens à cela, répond la dame, quoique j'ignore toujours qui vous êtes. Mais votre cœur me paraît assez droit pour que je puisse me fier à votre parole.

Le lendemain, la dame de Malehaut donne à Lancelot un cheval et tout un équipement vermeil. Le chevalier la remercie et se met en route pour rejoindre l'armée du roi, à Galore, où doit avoir lieu le combat décisif pour l'avenir du royaume.

18

LE TOURNOI DE GALORE

À l'arrivée de Lancelot, les chevaliers des deux armées sont de part et d'autre de la rivière. Ils sont prêts à combattre. Une loge est installée où ont pris place la reine Guenièvre, les dames et les demoiselles qui assistent au tournoi. Le roi Arthur est avec elles. Il a été convenu, en effet, que ni Galehaut ni lui ne prendraient part à la lutte.

Lancelot voit la reine. Il demeure immobile, comme en extase. Un des plus importants vassaux de Galehaut passe le gué et s'approche. Lancelot ne bouge pas. Il faut qu'un écuyer lui jette de la terre au visage pour qu'il paraisse revenir à lui. Alors il pique des deux, se précipite sur l'ennemi de toute la vitesse de son destrier. D'un coup de lance, il désarçonne si violemment son adversaire que le cheval lui-même s'écroule sous le choc.

Des deux camps, tous les combattants s'élancent. La mêlée devient rapidement générale. Au plus fort de la lutte, messire Gauvain fait des prouesses remarquables mais, par-dessus tout, on distingue le chevalier inconnu aux armes vermeilles, tant ses coups sont rudes et farouches. De nombreux ennemis apprennent sa valeur à leurs dépens.

Le combat s'achève lorsque la nuit tombe. Aussi discrètement qu'il est venu, Lancelot disparaît. Tous s'étonnent d'ignorer ce qu'il est advenu. Chacun aurait aimé le rencontrer et lui parler.

Fidèle à sa parole donnée, Lancelot retourne à Malehaut. Il se couche dans sa prison et s'endort vite, fatigué de ses prouesses. La dame ne tarde pas à apprendre, par ses chevaliers, comment il s'est conduit, de quelle bravoure exceptionnelle il a fait preuve.

Pendant la nuit, à travers les fenêtres grillagées, elle observe le chevalier endormi. Elle comprend que le sommeil l'ait gagné si rapidement. Elle pense qu'il est aussi beau que vaillant au combat.

Le lendemain, elle l'appelle et lui dit :

— Messire, j'ai su votre brillante conduite. Pouvez-vous maintenant me dire qui vous êtes ? Vous devez appartenir à un haut lignage.

— Hélas non, dame, je ne puis vous répondre.

— Me direz-vous pour l'amour de qui vous combattez ?

— Dame, je ne puis le dire non plus.

— Peut-être répondrez-vous à cette autre question : combattrez-vous aujourd'hui aussi bien qu'hier ?

— À cela, dame, je puis vous répondre. Je dirai que je combattrai mieux encore s'il m'est permis.

— Je vous crois volontiers, je sais que l'on peut se fier à votre parole. Votre vaillance est telle que je vous rends votre liberté.

La dame de Malehaut lui fait préparer une armure toute noire et lui donne un destrier noir. Lancelot se rend sur le lieu du tournoi.

Comme la veille, il demeure longtemps à contempler la reine Guenièvre. Tout le monde s'étonne qu'il n'ait pas l'air de vouloir prendre part à la lutte. La reine dit :

— Déjà hier, un chevalier est resté à rêver ainsi, mais nous savons comment il s'est comporté par la suite. Il portait des armes vermeilles.

La dame de Malehaut qui vient d'arriver dit :

— Madame la reine, que ne lui faites-vous demander de jouter pour l'amour de vous ?

Guenièvre répond :

— Vous pensez, dame, que j'ai autre souci en tête. Messire Gauvain, mon neveu, vient d'être gravement blessé et je crains fort que le roi perde aujourd'hui son honneur et ses terres. Mais vous pouvez demander ce que vous voulez en votre nom.

La dame de Malehaut appelle une jeune fille :

— Allez dire à ce chevalier qui rêve là-bas que toutes les dames et les demoiselles de la maison du roi Arthur, hormis Madame la reine, lui demandent de combattre pour l'amour d'elles. Faites vite, je vous prie.

Lancelot écoute la messagère. Il pique des deux, se rend en plein cœur de la mêlée. Il fait si bien qu'il brise plusieurs lances et désarçonne plus d'un chevalier. Il sème le désarroi dans les rangs ennemis, puis il s'en retourne à l'endroit où il était et se remet à rêver, comme si de rien n'était.

Voyant cela, messire Gauvain, qui est près de la reine, à cause de ses blessures qui l'empêchent de continuer à combattre, dit :

— Dame, vous avez peut-être eu tort de ne pas vouloir être nommée dans le message que l'on a fait porter tout à l'heure à ce chevalier inconnu. Si vous m'en croyez, pour l'honneur du roi et la sauvegarde du royaume de Logres, demandez-lui de combattre pour l'amour de vous. Si besoin est, je lui procurerai des lances et des chevaux.

— Faites ce que bon vous semble, doux neveu, répond la reine Guenièvre.

À peine Lancelot a-t-il reçu ce nouveau message qu'il se lance au plus profond de la mêlée. Il y accomplit de si audacieux exploits, il y réussit tant de prodiges que tous ceux qui sont là n'en peuvent croire leurs yeux. Keu, le sénéchal, et Gaheriet, le frère de messire Gauvain, qui pourtant donnent le meilleur d'eux-mêmes, en sont tout ébahis.

Les plus impressionnés sont les chevaliers de Galehaut, car nul ne peut résister aux coups de Lancelot. Galehaut s'inquiète car il voit ses hommes reculer alors qu'ils sont plus forts en nombre que ceux du roi Arthur. Lancelot combat avec la même bravoure jusqu'au soir.

Le crépuscule venu, les adversaires se séparent. Lancelot s'apprête à partir discrètement. Galehaut, qui ne l'a pas quitté des yeux depuis qu'il l'a vu à l'œuvre, s'empresse de le rejoindre. Il l'appelle :

— Messire, je suis Galehaut, sire des îles lointaines, suzerain de tous les chevaliers que vous avez combattus avec tant d'ardeur pour défendre le royaume de Logres. Je vous prie de venir loger chez moi pour cette nuit.

— Comment pouvez-vous me faire une offre pareille, vous, l'ennemi du roi Arthur ? Cela n'est guère concevable.

— Messire, nous pouvons nous combattre et nous estimer. J'ai le sens de la chevalerie et je serais heureux d'héberger le meilleur chevalier du monde, fût-il mon adversaire.

— J'accepte donc, dit Lancelot, mais promettez-moi de ne pas me refuser le don que je vous demanderai quand il me plaira.

— Je vous le promets, quoi que vous demandiez.

Alors Lancelot l'accompagne.

Messire Gauvain les voit partir tous les deux ensemble. La douleur qu'il ressent le fait plus souffrir que ses blessures.

— Sire, dit-il au roi Arthur, c'est un grand malheur pour le royaume de Logres. Celui qui a si bien défendu vos terres, hier et aujourd'hui, sera le premier, demain, à vous les conquérir.

19

LA SOUMISSION DE GALEHAUT

Galehaut accueille son hôte fort dignement. Il lui offre un dîner des plus raffinés et il le traite avec beaucoup d'égards.

Le lendemain, Lancelot dit :

—Vous rappelez-vous, messire, le don que vous m'avez accordé, hier soir, lorsque j'acceptai de vous suivre ?

—Oui, en vérité, et je tiendrai parole, répond Galehaut.

—Je vous demande donc de cesser de disputer son royaume au roi Arthur et d'aller lui rendre hommage.

Galehaut ne s'attendait pas à une telle demande. Il est surpris et courroucé. Ne s'est-il pas promis de conquérir trente royaumes ?

Mais il s'est engagé vis-à-vis de Lancelot.

— Hélas ! je ne saurais manquer à ma parole. Il en sera fait comme vous le souhaitez, quoi qu'il doive m'en coûter.

Il revêt alors sa tenue de cérémonie, monte sur son plus beau cheval et se rend au camp du roi Arthur escorté de ses plus hauts barons.

Les gens du roi Arthur sont surpris de le voir arriver ainsi. Dès qu'il est devant le roi, Galehaut s'agenouille et dit :

— Sire, je viens à vous dans l'intention de me soumettre. Je me repens du tort que je vous ai fait, je vous demande grâce et vous promets de ne plus chercher à porter préjudice à votre honneur ou à votre royaume.

Le roi Arthur est émerveillé d'entendre de tels propos dans la bouche de son ennemi de la veille.

— Je vous ai entendu. J'accepte votre soumission. Maintenant, levez-vous, Galehaut, et soyons amis.

Et l'on voit le roi des deux Bretagnes et le sire des îles lointaines se témoigner mille marques d'amitié pour fêter l'heureuse issue de leurs affrontements.

Un repas est servi où Galehaut est invité. À l'issue du festin, messire Gauvain demande :

— Puis-je vous demander, messire, qui vous a

incité à faire la paix avec le roi Arthur, alors que vous étiez si acharné à vouloir conquérir ses terres ?

— C'est un vaillant chevalier dont j'ignore jusqu'au nom.

— N'est-ce pas ce chevalier noir qui fit merveille au combat ?

— C'est lui, dit simplement Galehaut.

— Il n'est point de ma terre, car je connais tous mes chevaliers, dit le roi Arthur. J'aimerais beaucoup avoir sa compagnie. Je serais prêt à donner la moitié de ce que je possède pour connaître cette joie.

Plus tard, lorsque Galehaut est sur le point de se retirer, la reine Guenièvre le prend un peu à l'écart.

— Galehaut, si ce chevalier noir est encore chez vous, faites que je le voie. Il est possible que je l'aie déjà approché.

— Je voudrais bien vous satisfaire, dame, mais je ne peux rien lui commander. Il n'est pas mon homme lige. Toutefois, pour l'amour de vous, j'essaierai de le convaincre de vous rencontrer.

À son arrivée, Galehaut vient voir Lancelot. Il lui fait part du vœu de la reine.

— Que lui dirai-je, doux ami ?

— Hélas, le sais-je bien moi-même ? dit Lancelot, tout ému et troublé.

Galehaut lui conseille de voir la reine Guenièvre. Alors, Lancelot soupire longuement et consent à la rencontrer quand elle le souhaitera.

20

LE PRÉ AUX ARBRISSEAUX

Le lendemain, Galehaut retourne auprès de la reine et lui annonce la nouvelle.

— Dame, le chevalier noir inconnu accepte de venir vous rencontrer quand vous le désirerez.

— J'en suis bien aise. Sachez que je souhaite expressément que nul ne le voie avant moi. Voyez ce coin de la prairie tout couvert de jeunes arbres, que le chevalier vienne au crépuscule avec la plus petite escorte possible. C'est là qu'il nous retrouvera.

Le soir arrive. Galehaut et la reine Guenièvre s'assoient assez loin des demoiselles de la reine. Celles-ci s'étonnent d'être ainsi mises à l'écart. Seul le sénéchal de Galehaut leur tient compagnie. La dame de Malehaut est parmi elles. Peu après, Lancelot passe le gué et arrive. La dame de Malehaut le reconnaît, mais elle se garde bien de dire mot. Lancelot s'approche de Guenièvre et de Galehaut. Il tremble d'émotion et paraît tout timide.

Il s'agenouille devant la reine.

— Relevez-vous, messire, lui dit Guenièvre, et prenez place à nos côtés.

Une fois que Lancelot est assis, elle poursuit :

— Messire, je souhaite vous connaître depuis longtemps déjà. Je ne sais toujours pas qui vous êtes. Me le direz-vous ?

Lancelot est de plus en plus troublé. Il est incapable de répondre. Galehaut pense qu'il doit s'éloigner par discrétion. Il se lève et dit :

— Je suis bien impoli de laisser toutes ces demoiselles avec mon seul sénéchal pour toute compagnie. Si vous le permettez, je vais les rejoindre par courtoisie.

— Messire, dit alors la reine à Lancelot, vous avez tort de vous défier ainsi de moi. Êtes-vous bien celui qui a combattu avec des armes vermeilles puis, le lendemain, avec des armes toutes noires ?

Lancelot reste silencieux. La reine poursuit :

— Au moins, me direz-vous peut-être qui vous a fait chevalier ?

— Dame, vous le savez bien, dit Lancelot en soupirant, puisque c'est vous.

— Moi ! Que voulez-vous dire ? dit Guenièvre, surprise d'une telle affirmation.

Alors Lancelot raconte sa venue à Camaaloth, puis comment l'arrivée de l'envoyée de la dame de Nohant avait empêché le roi Arthur de lui ceindre l'épée. Celle qu'il portait était un don de Guenièvre. C'est bien elle qui l'avait armé.

Émue, la reine lui demande :

— Après avoir délivré la dame de Nohant de ses envahisseurs, avez-vous accompli d'autres hauts faits ?

— Oui, dame, en vérité.

— Contez-moi cela.

— Dame, j'ai conquis la Douloureuse Garde.

— Alors, maintenant, je sais qui vous êtes, s'écrie la reine. Votre nom m'a été révélé après votre exploit. Vous êtes Lancelot du Lac, fils du roi Bénoïc et de la reine Hélène.

— Vous savez donc tout de moi, maintenant.

— Non, je me demande pour l'amour de qui vous avez réalisé toutes ces actions d'éclat.

— Dame, pour l'amour de vous, en vérité.

Troublée par cette réponse, la reine Guenièvre poursuit :

— Pourtant l'autre jour, lors du tournoi de Galore, le premier message qui vous fut envoyé ne donnait pas mon nom et vous êtes allé rejoindre la mêlée.

— Il est vrai. Mais sachez, dame, que pour les autres, j'ai fait tout ce que je devais, mais pour vous, j'ai fait tout ce que je pouvais.

Émue, la reine admire l'esprit et la finesse de la réponse.

— Vous m'aimez donc si fort ? demande-t-elle après un court silence.

— Dame, il n'est nulle personne que je chérisse autant que vous.

— Et depuis quand m'aimez-vous ?

— Depuis ce jour où vous m'avez répondu, alors que je vous disais adieu et vous demandais d'être votre chevalier : « Mon doux ami. »

— Je ne me repens pas, certes, de l'avoir dit, mais sachez que j'ai prononcé ces mots à l'adresse de plus d'un chevalier. Toutefois, vous avez bien su l'entendre.

La reine appelle alors Galehaut, qui s'empresse de revenir.

— Savez-vous, Galehaut, que ce chevalier prétend avoir accompli tous ses hauts faits pour l'amour de moi, dit-elle en s'efforçant de dissimuler toute émotion.

— Dame, vous pouvez le croire, lui répond Galehaut. Bien que je ne le connaisse que depuis peu, je

99

suis sûr que nul n'a le cœur plus pur que lui. Je vous prie, en son nom, de bien vouloir devenir sa dame pour toujours et de sceller ce témoignage d'amour vrai par un baiser.

— Je le donnerai volontiers, dit la reine Guenièvre.

La reine prend le menton de Lancelot et longuement l'embrasse. La dame de Malehaut voit le baiser qu'échangent Lancelot et Guenièvre. Elle n'en dira rien.

Galehaut demande ensuite à la reine :

— Dame, donnez-moi son amitié.

Guenièvre prend Lancelot par la main droite et dit :

— Galehaut, je vous donne pour ami Lancelot du Lac, fils du roi Ban de Bénoïc.

Galehaut a grande joie d'apprendre le nom de son ami, car il sait la valeur du lignage du roi Ban et il ne doute pas que Lancelot en soit digne, tant par son courage et sa vaillance que par ses qualités de cœur.

21

LE SECRET PARTAGÉ

La nuit est maintenant tombée. Lancelot et Galehaut accompagnent la reine Guenièvre jusque chez elle. Ils sont suivis des demoiselles de la reine et du sénéchal du sire des îles lointaines. Arrivés au camp, les chevaliers prennent congé et s'en retournent tout en conversant de ce qui vient d'arriver. Ils sont tous deux heureux de la nouvelle amitié qui les lie et Lancelot est encore tout ému du baiser de Guenièvre.

Pendant ce temps, la reine rêve à une fenêtre. Voyant qu'elle est seule, la dame de Malehaut s'approche et lui dit :

— La compagnie de quatre est plus sûre.

— Que voulez-vous dire ?

— Dame, je ne voudrais pas prendre plus de liberté

avec vous que je ne dois. Je craindrais trop de me faire haïr en outrepassant ce qui m'est permis.

— Je vous sais trop sage et trop courtoise pour cela. Expliquez-vous, gente demoiselle.

— Dame, j'ai surpris votre baiser avec ce chevalier inconnu. Je le connais bien car il a été mon prisonnier.

Et la dame explique à la reine pourquoi et comment elle a retenu Lancelot chez elle.

Puis elle continue :

— C'est moi qui lui ai donné les armes vermeilles d'abord, puis les noires. C'est un noble chevalier et vous êtes celle qu'il aime le plus au monde.

— J'entends bien toutes vos paroles. Mais pourquoi dites-vous : « La compagnie de quatre est plus sûre » ? Un secret n'est-il pas mieux gardé quand il n'est connu que de trois personnes ?

— Dame, lorsque Galehaut et son ami seront partis, vous n'aurez personne à qui parler de votre secret. Si vous m'honorez de votre confidence, je vous aiderai, par amitié, à le porter.

— J'apprécie votre franchise et votre sensibilité. Partageons ce secret et demeurez mon amie.

Et la reine apprend à la dame de Malehaut qui est Lancelot.

Le lendemain, la reine et la dame de Malehaut retournent dans la prairie aux arbrisseaux où rendez-vous a été pris.

Guenièvre demande :

— Douce amie, votre cœur est-il libre ?

— Oui, dame, en vérité.

La reine dit alors grand bien du sire des îles lointaines, elle vante sa noblesse et ses mérites. Lorsque Lancelot et Galehaut arrivent, elle demande à ce dernier s'il aime d'amour quelque demoiselle.

— Non, dame, en vérité.

— Galehaut, voici la dame de Malehaut. Entre nous est née une nouvelle amitié aussi grande que celle qui vous unit à Lancelot. C'est une demoiselle aussi belle que sage et courtoise.

Puis la reine les prend par la main.

— Si vous le voulez tous deux : Galehaut, je vous donne à cette dame comme ami vrai, loyal de cœur et de corps, et vous, dame, je vous donne à ce chevalier comme amie vraie, loyale de cœur et de corps.

Ils acceptent d'un même élan, emplis d'une grande joie, et ils échangent un long et tendre baiser.

Lancelot, la reine Guenièvre, Galehaut et la dame de Malehaut demeurent longtemps en ce pré aux arbrisseaux à échanger de tendres paroles et de doux baisers.

Quelques jours plus tard, alors que messire Gauvain est enfin guéri de ses blessures, le roi Arthur pense que le moment de quitter Galore est venu. Galehaut ne peut accepter, à son grand regret, l'invitation du roi à demeurer en sa compagnie. Il lui faut en effet repartir pour le Sorelois. Il emmène Lancelot en son pays.

22

LANCELOT, CHEVALIER DE LA TABLE RONDE

Les deux chevaliers chevauchent longuement. Après un voyage sans encombre, ils parviennent enfin en Sorelois dont Galehaut est le seigneur.

C'est une région merveilleuse, les forêts y sont riches de gibier et les rivières poissonneuses. Il est doux d'y séjourner.

Ils sont là depuis un mois quand arrive Lionel, le fils de Bohor de Gannes. Il est envoyé par la Dame du Lac jusqu'à ce qu'il soit fait chevalier. Lancelot a grande joie de revoir son cousin. Il lui réserve le meilleur accueil.

Toutefois, au fur et à mesure que s'écoulent les jours, malgré les efforts de son ami pour lui rendre le séjour le plus agréable possible, Lancelot devient triste. Il songe sans cesse à Guenièvre. Galehaut s'en rend bien compte. La tristesse de Lancelot le désole. Il appelle Lionel et lui dit :

— Tu vas te rendre à la cour du roi Arthur. Tu le salueras comme il convient, puis tu chercheras la dame de Malehaut. Tu lui demanderas de te laisser parler en secret à la reine. Quand tu seras en présence de celle-ci, tu diras que tu es Lionel, fils de Bohor de Gannes, cousin de Lancelot, et qu'il se languit d'elle, qu'elle doit trouver un moyen de le rencontrer bientôt. Surtout, ne dis à personne ni qui tu es ni qui t'envoie.

Lionel accepte la mission qui lui est confiée. Il jure de faire preuve de la plus grande discrétion.

De son côté, alors qu'il séjourne à Carduel, le roi Arthur fait montre d'une grande tristesse.

— Qu'avez-vous, sire ? lui demande messire Gauvain.

— Hélas, je songe au chevalier qui amena Galehaut à se soumettre. Il aurait mérité de faire partie des compagnons de la Table ronde qui doit réunir les plus preux des chevaliers, et il n'est pas parmi nous.

Messire Gauvain se lève alors et dit :

— Je fais le serment de ne plus pénétrer dans une demeure du roi Arthur que je n'aie trouvé ce chevalier.

Après lui, Keu le sénéchal, messire Yvain, Sagremor et de nombreux chevaliers prononcent le même serment. Ils conviennent de porter leur écu à l'envers pour se reconnaître. Tandis que tous courent s'armer, messire Gauvain prend congé de la reine.

— Beau neveu, dit-elle, si vous me jurez de ne rien dire, je vous aiderai à le trouver.

— J'en fais serment, dame.

— Celui que vous cherchez s'appelle Lancelot du Lac, il séjourne chez Galehaut.

Comme les chevaliers s'éloignent, une belle demoiselle montée sur un palefroi pénètre dans le château et demande à être reçue par la reine.

— Dame, lui dit-elle, en lui montrant un écu qu'elle tenait dissimulé, voici un cadeau que vous fait celle qui m'envoie.

La reine prend le bouclier. Elle voit qu'il est fendu en son milieu. Sur l'une des moitiés est peint un chevalier tout armé. L'autre partie représente une belle dame. Ils s'embrasseraient si la brisure ne les séparait.

— Dame, poursuit la jeune fille, ce chevalier est le meilleur du monde. Cette dame lui a donné son amour. Viendra le jour où les deux parties se joindront.

— Qui vous envoie, gente amie ? s'enquiert la reine.

— Je viens de la part de la Dame du Lac. Maintenant, il m'en faut retourner.

Et, quoique la reine la prie de demeurer, elle ne s'attarde pas.

Quelque temps après, Lionel parvient à la cour du roi Arthur. Grâce à la dame de Malehaut, il rencontre la reine Guenièvre. Elle lui réserve un doux accueil et montre sa joie à entendre parler de Lancelot.

Hélas, en même temps que le jeune homme arrivent de mauvaises nouvelles. Les Saxons ont pénétré en Écosse. Ils ravagent tout le pays. Le roi Arthur dépêche alors des messagers à tous ses barons pour qu'ils se rendent à la Roche-aux-Saines prendre part à la lutte. Alors, la reine Guenièvre dit à Lionel :

— Dites à Lancelot et à Galehaut d'y venir secrètement. Voici une manche de soie vermeille, que Lancelot la porte à son heaume pour que je le reconnaisse.

Et Lionel s'en retourne en Sorelois sans s'attarder davantage.

Il y trouve messire Gauvain et un autre chevalier, Hector des Mares. Messire Gauvain l'avait rencontré en chemin. Ils s'étaient battus pour la garde du pont

108

Norgallois, à l'entrée du Sorelois. La lutte avait duré tout le jour. Aucun n'avait pu l'emporter sur l'autre. Le soir venu, alors que leurs armes avaient beaucoup souffert et qu'eux-mêmes étaient bien las, messire Gauvain avait dit :

— Messire, je vous prie de me dire qui vous êtes, car je n'ai jamais rencontré adversaire aussi farouche.

— Je suis Hector des Mares, avait répondu le chevalier. Et vous, messire, à votre tour, me direz-vous qui vous êtes ?

— Je ne l'ai jamais caché. Je suis Gauvain, le neveu du roi Arthur.

Alors Hector des Mares s'était agenouillé en signe de soumission. Messire Gauvain l'avait relevé aussitôt et les deux chevaliers étaient partis de compagnie.

À l'arrivée de Lionel, messire Gauvain est bien embarrassé.

— Comment vais-je faire ? dit-il, j'ai juré de ne pas entrer dans une maison du roi sans lui apporter de vraies nouvelles de Lancelot et je ne peux manquer d'être à la Roche-aux-Saines.

Galehaut répond :

— Il suffit que vous n'y entriez que la guerre terminée. À ce moment-là, Lancelot dira qui il est. Ainsi vous pourrez aider le roi sans renier votre parole.

Messire Gauvain se range à cet avis.

Les quatre chevaliers partent en compagnie de Lionel.

Arrivé au camp du roi Arthur, messire Gauvain voit des écus à l'envers. Il sait ainsi que ses compagnons, qui avaient fait le même serment que lui au moment de partir en quête de Lancelot, sont venus aussi combattre les Saxons aux côtés du roi.

Au cours de la lutte, les chevaliers font maints exploits et hauts faits d'armes. Lancelot porte la manche de soie vermeille à son heaume.

Au crépuscule, après la bataille, il traverse, en compagnie de Galehaut, un village, en arrière de l'armée, où logent la reine Guenièvre et ses demoiselles.

— Reconnaissez-vous ces chevaliers ? demande la reine à la dame de Malehaut, en les voyant passer.

Pour toute réponse, celle-ci sourit. Toutes deux descendent et embrassent les chevaliers qui viennent de mettre pied à terre. Lancelot est blessé. Tout son bras est rouge depuis l'épaule, tant le sang coule abondamment.

— Je saurai bien vous soigner, ce soir, dit Guenièvre à Lancelot, tandis que, de son côté, la dame de Malehaut donne rendez-vous à Galehaut.

Et ainsi, le soir même, ils se voient en secret et se prodiguent mille tendresses et maintes douceurs. Ils s'entr'aiment avec une ardeur comparable à celle de Tristan et d'Iseut la blonde.

Au matin, la reine va regarder l'écu que lui a fait porter la Dame du Lac. Elle sait bien qu'elle a été la plus aimée des femmes, lorsqu'elle voit que la brisure a disparu sans laisser nulle trace. Elle s'émerveille fort de ce prodige.

Les jours qui suivent, la vaillance de tous ne diminue en rien lors des combats. On ne compte plus les actions d'éclat de Lancelot. Il parvient même à délivrer le roi Arthur et Gaheriet, un des frères de messire Gauvain, que les Saxons avaient capturés par traîtrise et retenus prisonniers.

Après la prise de la Roche-aux-Saines et la victoire du roi Arthur, messire Gauvain dit à ce dernier, en désignant Lancelot :

— Sire, voici le chevalier que vous avez envoyé quérir.

Lancelot se fait connaître. Le roi Arthur a grande joie d'apprendre qu'il est le fils du roi Ban de Bénoïc qu'il a tant aimé. Il voit combien Lancelot est digne d'un tel lignage. Peu après, le roi prie Hector des

Mares de faire partie des chevaliers de la Table ronde, puis il s'approche de Galehaut.

— Je voudrais, lui dit-il, que désormais Lancelot soit chevalier de la Table ronde et qu'il appartienne à ma maison.

— Hélas ! sire, dit Galehaut, je ne saurais vivre sans lui.

À la demande du roi Arthur, la reine elle-même prie le sire des îles lointaines d'y consentir.

À voir la reine supplier ainsi Galehaut, Lancelot, tout ému, ne peut s'empêcher de s'écrier :

— Je ferai partie de la maison de Monseigneur le roi.

— Puisqu'il en est ainsi, dit Galehaut, je ne saurais refuser.

— Je vous en remercie, Galehaut, dit le roi Arthur, demeurez mon ami et mon compagnon. Quant à vous, Lancelot, prenez place parmi les chevaliers de la Table ronde.

23

LA REINE GUENIÈVRE EST ACCUSÉE

Peu après, Galehaut doit regagner son domaine. Bien que Lancelot souhaite vivement demeurer en compagnie de la reine, il accompagne son ami.

Une nuit, Galehaut fait un étrange songe qui l'intrigue fort. Il le raconte à Lancelot :

— Il me semblait voir deux lions qui se disputaient âprement. L'un portait une couronne et l'autre en était dépourvu. Pendant la lutte, un léopard survint qui les regarda. Par deux fois, le combat sembla favorable au lion qui n'était pas couronné mais, par deux fois aussi, le léopard intervint en faveur de celui qui allait être défait et cette aide le sauva. À la fin, le léopard fit la paix entre les deux lions et s'en fut avec celui qui n'était pas couronné. Il demeura un temps avec ce dernier puis le quitta. Le lion en fut si triste qu'il ne tarda pas à en mourir.

Galehaut conclut :

— Je voudrais bien savoir la signification de ce songe.

Il décide alors d'écrire au roi Arthur pour lui demander de lui envoyer les plus sages clercs qu'il pourrait trouver. Il en a grand besoin pour déchiffrer son rêve. Il charge Lionel de porter le message, ce que le jeune homme s'empresse de faire.

Le cousin de Lancelot chevauche et parvient à Camaaloth où le roi l'accueille avec joie. Il invite le jeune homme à rester jusqu'à l'arrivée des clercs qu'il a fait mander dans tout le royaume.

Or, un jour que le roi se trouve dans la grande salle en compagnie de ses barons, une demoiselle se présente.

— Dieu sauve le roi et sa compagnie, dit-elle en saluant gracieusement.

— Dieu vous donne bonne aventure, répond le roi Arthur.

Alors, le vieux chevalier chenu qui l'accompagne ouvre un coffret d'or et en tire une lettre qu'il donne à la demoiselle. Celle-ci la montre au roi en disant :

— Sire, cette lettre vous est destinée. Mais, avant de la lire, vous devez convoquer toute votre maison, car il y est traité d'une affaire fort grave. Il convient que tout le monde entende ce qui est écrit.

Le roi Arthur envoie donc chercher la reine, ses dames, toutes les demoiselles, tous les chevaliers et les clercs de la maison. Quand tous sont assemblés, le roi fait lire la lettre. Il y est écrit : « Roi Arthur, la vraie fille du roi Léodagan, Guenièvre de Carmélide, te salue. La traîtresse que tu tiens pour épouse a usurpé ma place au lendemain de nos noces et m'a fait jeter en prison. J'ai été délivrée par le plus loyal des chevaliers. Je requiers que de cette déloyauté soit tirée vengeance. Je ne peux tout t'écrire. Écoute ce que dira ma messagère en mon nom. »

Tous demeurent interdits. Le roi Arthur, après un long silence, la voix profondément altérée, dit :

— Parlez, demoiselle, puisque votre maîtresse vous le demande.

— Sire, ce chevalier que vous voyez avec moi a délivré Madame la reine. Elle demande que vous lui rendiez justice : tenez votre serment en la reprenant comme loyale épouse et punissez celle qui a usurpé sa place.

— Dame, dit le roi Arthur à la reine Guenièvre, disculpez-vous de ce dont on vous accuse.

Guenièvre se lève, elle reste fière et noble. Tous les chevaliers se lèvent en même temps qu'elle. Messire Gauvain l'accompagne devant le roi et dit :

— Sire, cette accusation est gravement mensongère, je suis prêt à défendre Madame la reine contre n'importe quel chevalier. Madame la reine ici présente est bien votre compagne épousée en loyal mariage.

— Qui êtes-vous ? lui demande alors la jeune fille.

— Je suis Gauvain, neveu du roi Arthur.

À cette réponse, la jeune fille se retourne et s'adresse au vieillard chenu qui est venu en sa compagnie :

— Bertelai, êtes-vous prêt à soutenir votre droit contre messire Gauvain ou tout autre chevalier ?

— Je le suis, dit-il, en s'agenouillant devant le roi.

Voyant l'âge du chevalier, messire Gauvain hausse les épaules et dit en se moquant :

— Autant combattre un mort !

Toute l'assemblée rit de cette exclamation.

— Relevez-vous, Bertelai, dit le roi Arthur. Demoiselle, je ne puis décider d'une affaire aussi sérieuse sans consulter tous mes barons. Nous les réunirons avec ceux de la Carmélide et, tous ensemble, ils jugeront. Mais prenez garde de ne rien avancer que vous ne puissiez prouver car, de la coupable, je tirerai vengeance.

Il se retourne vers la reine.

— Quant à vous, Madame, lui dit-il, préparez-vous pour cette date.

— Sire, j'attends le jugement sans crainte, je suis innocente.

LA SIGNIFICATION DU SONGE DE GALEHAUT

Le lendemain, Lionel part en compagnie des clercs qu'a demandés Galehaut pour tenter de connaître la signification du rêve qu'il a fait. Quand ils arrivent en Sorelois, Lionel commence par raconter au sire des îles lointaines et à Lancelot ce qu'il est advenu à la cour du roi Arthur. Lancelot éprouve un grand chagrin de savoir sa dame ainsi accusée. Aussitôt, son ami a souci de le consoler.

— Beau doux ami, lui dit Galehaut, ne vous désespérez pas. Si, par malheur, le roi Arthur venait à convaincre la reine de félonie et à la répudier, vous pourriez l'épouser et l'aimer sans commettre de mal. Je vous donnerais alors des terres, parmi les meilleures que je possède, et vous régneriez sur elles avec celle qui vous est si chère.

— Je vois bien là votre générosité, Galehaut, lui répond Lancelot. Je n'ai jamais douté de votre amitié. Hélas, ce que vous proposez est impossible. Le roi Arthur a fait serment de la condamner si elle est reconnue coupable du crime dont on l'accuse. Aidez-moi, je vous en supplie, à empêcher qu'elle périsse.

— Je vous aiderai de toutes mes forces, votre amitié m'est trop chère.

Galehaut envoie alors des messagers dans toutes ses terres pour convoquer tous ses barons à une grande assemblée.

Il demande ensuite aux clercs venus avec Lionel de lui expliquer la signification du songe qui l'intrigue fort. Il le leur raconte sans omettre aucun détail. Les sages discutent et méditent. Quand ils ont bien réfléchi, ils appellent le sire des îles lointaines et ils lui disent ceci :

— Le lion couronné représente le roi Arthur. Celui qui est dépourvu de couronne n'est autre que vous-même. Le léopard désigne Lancelot. Lors du tournoi de Galore, il évita, par deux fois, la défaite du suzerain du royaume de Logres. Ensuite, il vint avec vous en Sorelois. La fin du rêve montre que vous mourrez de douleur le jour où vous vous séparerez de lui. Nous vous avons tout dit, messire, sans rien vous celer.

119

Gardez-vous bien toutefois de n'en rien dire à Lancelot.

— Mais, demande Galehaut, le lion est une bête plus farouche que le léopard. Pourquoi Lancelot, que je considère comme le meilleur chevalier du monde, n'a-t-il pas figure de lion dans le songe ?

— Messire, il se trouvera un jour un meilleur chevalier que Lancelot. Merlin l'enchanteur l'a prédit. Celui-là prendra place au siège périlleux de la Table ronde, celui où nul ne peut s'asseoir sans mourir. Il sera plus pur que le fils du roi Ban qui mourut de peine et de la reine aux grandes douleurs, car l'amour de votre ami pour la reine Guenièvre a entaché son innocence.

Galehaut les remercie. En sortant, il rencontre Lancelot qui s'inquiète :

— J'espère, messire, que les clercs ont pu vous éclairer sur la signification de ce songe qui tant vous préoccupait et qu'ils ne vous ont annoncé que d'heureuses prédictions.

Galehaut fait joyeux visage à son ami et lui répond :

— Beau compagnon, je suis bien aise. J'ai appris que j'ai encore de très nombreuses années à vivre et que toujours joie me viendra de vous. Pouvais-je espérer mieux ?

Peu après arrivent les barons que Galehaut avait convoqués.

Quand ils sont réunis, Galehaut leur déclare :

— Je vous ai fait venir car je compte partir vivre à la cour du roi Arthur. Je demande à votre conseil de choisir celui à qui je devrai confier mon royaume pendant cette absence. Délibérez ensemble, et que votre choix se porte sur le plus noble d'entre vous.

Il sort avec Lancelot. Pendant ce temps, les barons se mettent d'accord pour élire Baudemagu, le roi de Gorre.

— Je me réjouis d'un tel choix, dit Galehaut à Baudemagu, vous êtes un des plus vaillants que je connaisse. Je vous confie mes terres.

Puis, se tournant vers les autres barons, il poursuit :

— Vous, mes hommes liges, je vous demande d'obéir à Baudemagu et de l'aider contre tous, sauf contre moi-même. Si je venais à mourir, qu'il laisse ma terre à mon neveu et filleul Galehodin.

Baudemagu jure de se conduire loyalement, et tous les barons présents prêtent serment à leur tour.

Quelques jours plus tard, Galehaut et Lancelot partent, avec leur escorte, pour la cour du roi Arthur, où on leur réserve le meilleur accueil.

25

LE JUGEMENT DE LA REINE

Un jour, un écuyer vient annoncer au roi Arthur qu'un farouche sanglier, le plus gros qu'on ait jamais vu, a trouvé refuge au cœur de l'immense forêt qui entoure Brédigan. Il dévaste tout et nul n'ose s'attaquer à lui tant il est redoutable.

— Ceux du pays m'envoient à vous pour vous prier de bien vouloir les en délivrer, conclut l'écuyer.

À cette nouvelle, le roi et ses chevaliers sont très contents. Ils pensent faire une chasse exceptionnelle. Ils se préparent à suivre le jeune homme.

Mais celui-ci était envoyé par la fausse Guenièvre et Bertelai. Tous deux s'étaient rendu compte, en effet, que les meilleurs chevaliers du monde appartenaient à la maison du roi Arthur et qu'aucun de leurs champions n'aurait la moindre chance contre ceux-là. Ils savaient, en outre, que nombreux étaient les chevaliers prêts à défendre la cause de la reine Guenièvre, à commencer par messire Gauvain dont ils connaissaient la réputation et la valeur. Ils avaient donc décidé d'employer la ruse pour faire triompher leur méchante cause.

Arrivé à un endroit précis, le jeune homme dit :

— Nous sommes trop nombreux. Le bruit que nous faisons va prévenir le sanglier.

Le roi Arthur fait arrêter les siens et, à la suite de l'écuyer, s'enfonce plus avant dans la forêt, accompagné seulement par deux veneurs. Bientôt, il est entouré d'hommes armés et emmené, malgré lui, comme s'il était prisonnier, pendant que l'écuyer égare les chevaliers qui étaient venus avec le roi, en sonnant du cor dans toutes les directions. Tous cherchent le roi Arthur jusqu'à la nuit. Ils sont très inquiets ainsi que la reine Guenièvre. Galehaut cherche à la réconforter :

— Dame, vous savez combien le roi aime chasser. Il se sera laissé surprendre par la nuit et aura trouvé abri quelque part. Nous le retrouverons demain.

Le roi Arthur est conduit en Carmélide. À son arrivée, la fausse Guenièvre descend à sa rencontre. Le roi est tout ébahi tant il croit voir la reine elle-même.

Les deux femmes sont toutes deux des filles du roi Léodagan, mais la fausse Guenièvre est née de la femme de Cléodalis, son sénéchal. Leur ressemblance est merveilleuse.

— Sire, dit la fausse Guenièvre, maintenant vous ne me quitterez que vous ne m'ayez rendu mon droit.

Au repas, elle offre au roi Arthur un breuvage qui lui trouble tant l'esprit qu'il accepte de la reconnaître pour reine, à condition que les barons de Carmélide jurent qu'elle est bien la fille de Léodagan.

Les deux veneurs qui ont été emmenés avec le roi sont envoyés à messire Gauvain comme messagers pour dire au neveu du roi Arthur de convoquer tous les barons du royaume de Logres. L'assemblée, qui les réunira avec ceux de Carmélide et qui prononcera le jugement, se tiendra à Zèlegèbres, le jour de l'Ascension.

En attendant cette date, le roi Arthur voyage à travers la Carmélide, en compagnie de la fausse Guenièvre. Tous l'acclament, ainsi que celle qu'ils prennent pour son épouse véritable. Et elle continue de lui faire boire des philtres pour le séduire et lui fausser le jugement. Elle y réussit et le roi Arthur finit par s'éprendre d'elle. Elle fait si bien qu'il affirme qu'elle lui a fait oublier celle qu'il a tant aimée. La fausse Guenièvre et Bertelai le vieux se réjouissent fort du tour favorable que prennent les événements pour eux.

Le jour du jugement arrive. Lorsque les barons des deux pays sont assemblés, le roi Arthur prend la parole :

— Messires, vous savez pourquoi je vous ai tous convoqués en ce jour de l'Ascension. Vous vous rappelez la venue de la jeune fille qui déposa une plainte contre la reine, mon épouse. Je pensais alors qu'elle accusait à tort celle qui était auprès de moi. Mais je crois bien maintenant qu'elle a le droit pour elle. Celle qui est demeurée avec moi a agi par trahison et a usurpé une place dont elle n'était pas digne, bien que je l'aie aimée plus que nulle autre femme.

— Comment pouvez-vous, sire, prononcer de pareilles paroles ? dit messire Gauvain. Nous savons bien qu'elle est la bonne, loyale et vraie reine.

Tous les barons du royaume de Logres approuvent le neveu du roi Arthur. Mais ce dernier répond :

— Les chevaliers de Carmélide savent mieux que ceux de Bretagne laquelle est la fille du roi Léodagan et de son épouse. Ils la désigneront et c'est elle qui devra être et sera ma dame et la reine.

Tous les barons de Carmélide, Bertelai le vieux le

premier, jurent et désignent la fausse Guenièvre comme la fille du roi Léodagan et de son épouse. La reine Guenièvre est alors privée de sa dignité royale.

— Messires, dit le roi Arthur, toujours troublé par les philtres de la fausse Guenièvre, maintenant que la vérité est connue, il nous faut juger celle qui m'a fait vivre si longtemps dans la faute.

À ces mots, messire Gauvain se lève et dit :

— Sire, c'en est trop. Je refuse d'assister au jugement. Sachez que si cette dame tant aimée est jugée, je quitterai pour toujours votre maison et irai vivre en exil dans un lointain pays.

Messire Yvain et Keu le sénéchal disent qu'ils feront de même.

Plus tard, la condamnation de la reine est connue. Elle doit être bannie après que ses longs cheveux auront été coupés ras et que ses mains, sanctifiées comme mains de reine, auront été blessées d'une marque infamante. Keu, le sénéchal, prend alors la parole. Il parle avec violence.

— Tous ceux qui ont délibéré sont, hormis Monseigneur le roi, de vils félons. Je suis prêt à combattre pour prouver la fausseté de ce jugement et annuler la condamnation.

À cet instant, Lancelot fend la foule. Il paraît devant le roi Arthur et laisse tomber son manteau au sol.

—Messire Keu, un meilleur que vous défendra le droit de la reine. Sire, j'ai été, par votre grâce, fait compagnon de la Table ronde, j'étais fier d'appartenir à cette assemblée qui réunit les meilleurs chevaliers du monde, mais je m'en défais comme de ce manteau. Ce jugement est faux et déloyal. Je suis prêt à le prouver contre n'importe quel chevalier. Et si un ne suffit pas, je lutterai contre deux, et s'il le faut j'en affronterai trois.

—Quelle folie! dit Keu. Êtes-vous donc plus vaillant que tout le monde?

—Taisez-vous, messire Keu, réplique Lancelot. Nous verrons si vous voulez être le quatrième.

—Lancelot, dit le roi Arthur, je vous estime et connais votre vaillance, mais je ne puis vous laisser jouter contre trois chevaliers.

—Sire, cela ne s'est jamais vu au royaume de Logres, dit Galehaut, inquiet pour son ami.

—Alors, il en sera ainsi pour la première fois, dit Lancelot.

Les barons de Carmélide se sentent doublement offensés. Le chevalier a qualifié leur jugement de traître et déloyal, et il témoigne d'un grand dédain pour leur valeur au combat.

26

Lancelot combat pour Guenièvre

Le lendemain, Lancelot se prépare de bonne heure. Il est prêt à donner le meilleur de lui-même. Le moment venu, il se rend sur la place du combat. Messire Gauvain charge un chevalier de sonner du cor pour donner le signal. Le roi Arthur se tient à une fenêtre en compagnie de la fausse Guenièvre. La reine, celle pour qui combat Lancelot, se tient à une autre en compagnie de Keu le sénéchal, de Sagremor et de nombreux autres chevaliers qui ont refusé de la juger. Tous les chevaliers, les dames et les habitants assistent à la joute.

Lancelot est en selle, tout armé. Il n'attend que le signal. Il s'impatiente.

— Messire Gauvain, dit-il, ne ferez-vous donc jamais sonner ce cor ?

Le signal est enfin donné. Les champions s'élancent l'un contre l'autre. Le choc est extrêmement violent. Le chevalier de Carmélide perce l'écu de Lancelot, mais sa lance se brise sur le haubert. Celle du défenseur de la reine Guenièvre traverse l'armure et le corps de son adversaire. Celui-ci tombe mort. Les gardes accourent et le retirent.

Le cor sonne de nouveau. Le second chevalier s'élance. Au premier choc, il est désarçonné. Lancelot pose sa lance et revient vers lui, l'épée à la main. L'autre a grand-peur. Lancelot le rassure :

— N'ayez crainte, messire, jamais on ne pourra me reprocher d'avoir jouté à cheval contre un homme à pied.

Il met pied à terre. Aussitôt, la lutte reprend. Lancelot frappe si adroitement que son adversaire est vite défait.

Il revient à son cheval, remonte en selle, reprend sa lance et attend le dernier appel du cor. Le troisième chevalier de Carmélide vient de voir Lancelot combattre par deux fois. Il sait quel lutteur redoutable il va affronter. Il se dit qu'il aurait grand avantage à commencer par tuer le destrier. Le cor sonne. Les deux chevaliers s'élancent. L'adversaire de Lancelot dévie sa lance et réussit à tuer le cheval ainsi qu'il en

129

avait le projet. Pourtant, son acte est inutile car Lancelot le frappe si adroitement de sa lance qu'il le désarçonne brutalement. Tous deux sont donc à pied. Ils se relèvent vite et, comme ils sont l'un et l'autre bons combattants, les assistants voient rapidement les mailles des hauberts tomber sur le sol et le sang rougir leurs armes. La lutte se poursuit.

Toutefois, Lancelot est le plus habile. L'autre s'affaiblit. Il tombe au sol. Alors, Lancelot, d'un geste prompt et vif, lui arrache son heaume. Le chevalier vaincu pense qu'il est perdu.

Lancelot regarde vers la fenêtre où se tient la reine Guenièvre et crie à Keu le sénéchal, qui est à son côté :

— Voyez le troisième, messire Keu, souhaiteriez-vous être le quatrième ?

Le chevalier de Carmélide s'est battu si courageusement que le roi Arthur souhaite sa grâce. Il sait qu'il ne pourra l'obtenir qu'en la demandant à la reine Guenièvre pour laquelle le vainqueur vient de jouter. Il vient vers elle.

— Dame, lui dit-il, vous ne sauriez connaître maintenant ni grande honte ni bannissement. Accepteriez-vous de demander la grâce de ce troisième combattant qui fut si courageux ?

La reine Guenièvre voit bien que tous partagent le

désir du roi Arthur. Le chevalier mérite la vie sauve. Elle descend sur la place et met un genou à terre, devant Lancelot.

— Beau doux ami, lui dit-elle, le roi vient de me dire que je ne serai point honnie. Je vous prie d'épargner la vie de ce chevalier. Il s'est conduit avec courage et seule votre vaillance vous a permis de triompher de lui.

— Dame, je ne saurais rien vous refuser, répond Lancelot.

L'adversaire de Lancelot est dans un tel état de faiblesse qu'il faut l'emporter pour le soigner.

Les barons de Carmélide viennent d'être convaincus de faux jugement, ils cachent mal leur grande humiliation alors que se réjouissent fort tous ceux qui ont refusé l'injuste condamnation.

À la suite du combat, Galehaut vient voir la reine Guenièvre.

— Dame, je vous convie, avec grande courtoisie, à séjourner en Sorelois si vous le désirez. Sachez que je vous y accueillerai du mieux que je pourrai.

— Je vous remercie, Galehaut, de votre proposition. Je ne doute pas de la qualité de votre accueil. Mais je ne peux rien entreprendre sans l'accord du roi Arthur.

Le lendemain matin, la reine Guenièvre dit au roi :

— Sire, je m'en vais par votre commandement, mais je ne sais encore en quel lieu. Dites-moi, je vous prie, ce qu'il convient de faire.

Le roi dit qu'il va demander conseil avant de prendre une décision.

Quand tous les barons ont parlé, messire Gauvain dit :

— Sire, vous savez bien que Madame la reine ne s'en va que par votre volonté. Elle ne peut se retirer que dans un lieu où elle sera dignement honorée. Elle peut séjourner chez messire Yvain, ou encore dans les terres de mon père. Si vous ne voulez pas qu'elle aille dans l'un ou l'autre de ces endroits, vous pouvez accepter qu'elle se rende dans les terres de Galehaut, ainsi qu'il le lui a proposé.

Le roi Arthur répond :

— Je préfère que la reine ne se retire ni sur mes terres ni sur celles de mes hommes liges. Dites-lui qu'elle peut aller chez Galehaut et qu'elle peut se faire accompagner de toutes les demoiselles qu'elle souhaite emmener en ce pays.

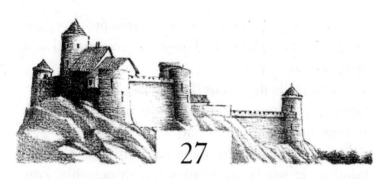

LE RETOUR DE LA REINE GUENIÈVRE ET DE LANCELOT

La reine Guenièvre séjourne donc en Sorelois où Galehaut lui offre asile. La dame de Malehaut est parmi les demoiselles qui l'ont accompagnée.

Le roi Arthur a emmené la fausse Guenièvre avec lui. Il l'aime toujours par l'œuvre des philtres qu'elle lui fait boire à son insu. Bertelai le vieux s'est joint à eux.

Après quelque temps, la fausse Guenièvre tombe malade. Le roi Arthur s'empresse de demander aux meilleurs médecins de la soigner du mieux qu'ils peuvent. Leurs efforts sont vains. Elle ne tarde pas à succomber, ainsi que Bertelai le vieux dont les forces allaient déclinant. Toutefois, avant de mourir, la fausse Guenièvre s'est repentie de sa félonie. Devant le roi et tous les barons, elle a confessé tous les méfaits qu'elle a perpétrés avec l'aide de Bertelai. Elle a aussi avoué comment elle était parvenue à tromper l'esprit du roi Arthur et à fausser son cœur qu'il avait juste et droit.

La nouvelle des aveux de la fausse Guenièvre parvient en Sorelois. Peu après, les barons de Carmélide se présentent à la vraie reine.

— Dame, disent-ils dans une attitude des plus humbles et sur le ton le plus contrit possible, nous savons bien que nous vous avons fait plus de tort que nul ne pourra jamais vous en faire. Nous vous avons exposée au risque d'être honnie à jamais. Nous pensions agir par justice car tous nos actes suivaient les conseils de Bertelai le vieux. Nous vous demandons grâce à genoux.

La reine est bonne et douce. Elle est sensible à leur repentir. Elle les relève l'un après l'autre et leur pardonne tout le mal qu'ils ont pu lui faire.

La reine Guenièvre est toute joyeuse, maintenant qu'elle est pleinement innocentée. Nul doute ne peut subsister. Galehaut et la dame de Malehaut sont très heureux aussi. Le cœur de Lancelot est partagé. Il se réjouit pour sa dame dont il n'a jamais douté, mais il lui est douloureux de penser qu'il n'aura sans doute bientôt plus sa compagnie.

En effet, le roi Arthur ne tarde pas à envoyer toute une délégation de barons et de prélats. Ils apportent les excuses du roi et demandent à Guenièvre de revenir avec eux, auprès de son époux.

La reine Guenièvre hésite.

— Le roi n'a pas cru à mon innocence. Après m'avoir fait perdre ma dignité royale, il m'a laissée être jugée. J'ai failli être honnie à jamais. Je ne saurais retourner auprès de lui.

— Dame, le roi Arthur est votre époux. Lui et vous êtes légitimement mariés, lui rappellent les clercs, votre place est à ses côtés.

— Le roi Arthur a été traîtreusement abusé, lui expliquent les chevaliers. Celle qui se prétendait la vraie fille du roi Léodagan et de son épouse lui a fait boire, avec la complicité de Bertelai le vieux, des philtres qui ont faussé son jugement et son cœur. Ne le condamnez pas plus qu'il ne le mérite.

Suivant les conseils de ceux qui sont auprès d'elle, la reine Guenièvre consent à rejoindre le roi Arthur.

Dès qu'elle est de retour, celui-ci s'efforce de lui être le plus agréable possible. Il multiplie les prévenances et les attentions. La reine Guenièvre a le cœur doux et bon, il n'est de forfait qu'elle ne sache pardonner.

Il ne manque plus au roi Arthur que la présence de Lancelot pour que sa joie soit complète. Il dit un jour à la reine Guenièvre :

— Dame, je vous en supplie, usez de votre pouvoir auprès de Lancelot. Faites qu'il vienne reprendre sa place parmi les chevaliers de la Table ronde. Vous savez combien son absence nous pèse à tous.

— Sire, répond la reine Guenièvre, je veux bien y consentir. Vous prierez Lancelot devant toute l'assemblée des barons. Si cela ne suffit pas pour qu'il accepte, je me jetterai moi-même à ses pieds.

Des messagers sont envoyés à Lancelot, qui ne tarde pas à se présenter devant le roi Arthur.

Lorsque Guenièvre se met à genoux devant lui, le chevalier se précipite pour la relever.

— Dame, vous savez bien qu'il n'est rien que vous ne puissiez obtenir de moi.

À son tour, il s'agenouille devant le roi Arthur.

— Sire, je suis prêt à reprendre place parmi les chevaliers de la Table ronde.

Le roi Arthur le relève à grande joie. Il décide de tenir la plus grande cour qu'il ait jamais tenue, le jour de la Pentecôte. Il souhaite que tous ceux de Petite-Bretagne, d'Écosse, d'Irlande et de Cornouailles se rendent au royaume de Logres et que l'on y fasse fête.

Il fut alors demandé aux clercs d'écrire toutes les aventures qui venaient de se dérouler. C'est grâce à eux qu'aujourd'hui encore nous pouvons les lire ou les entendre, comme d'autres qui ne manqueront pas de survenir et de nous émerveiller.

Le souci de fidélité aux textes originaux de cette adaptation et des exigences stylistiques ont nécessité l'emploi de quelques mots dont l'usage est peu répandu aujourd'hui.

Voici une rapide définition du sens qu'a chacun d'eux dans le texte.

Adouber (adoubement) : Armer chevalier.

Baron : Grand seigneur du royaume.

Château : Le château fort lui-même, mais aussi, parfois, la petite ville fortifiée qui l'entoure.

Destrier : Cheval de bataille.

Écu : Bouclier.

Haubert : armure, cotte de maille.

Heaume : Grand casque qui protège la tête et le visage.

Homme lige : Vassal qui a promis une fidélité absolue à son seigneur (le *seigneur lige*).

Lignage : Ensemble des personnes d'une même descendance.

Maison : Ensemble de ceux qui vivent avec un seigneur.

Palefroi : Cheval de promenade, de parade ou de cérémonie.

Ces aventures ont été écrites à partir de textes en ancien français, en vers et en prose, des XIIe et XIIIe siècles, principalement :

Chrétien de Troyes
Lancelot ou le Chevalier à la charrette (vers 1175-1181)
Perceval ou le conte du Graal (vers 1180-1190)

Né vers 1135, Chrétien de Troyes est l'auteur de nombreux romans chevaleresques s'inspirant des légendes bretonnes et celtes autour du roi Arthur et de la quête du Graal.

Robert de Boron
Merlin

Écrivain français du XIIe siècle, Robert de Boron est l'auteur d'une trilogie en vers sur le Graal.

Anonymes XIIIe siècle
Lancelot en prose
La Queste del Saint Graal
La mort le roi Artu

Table des chapitres

1. Les malheurs et le départ du roi Ban de Bénoïc	5
2. La trahison du sénéchal félon	9
3. La mort du roi Ban de Bénoïc et l'enlèvement de Lancelot	12
4. La mort du roi Bohor de Gannes	15
5. Portrait de Lancelot	17
6. Générosités de Lancelot	20
7. La sagesse de Lancelot	24
8. Les enfants du roi Bohor de Gannes	28
9. La révolte contre Claude de la Terre Déserte	35
10. Lancelot et ses cousins	40
11. Lancelot quitte le domaine du Lac	46
12. L'adoubement de Lancelot	51
13. L'accueil de la dame de Nohant	56
14. La défense de la dame de Nohant	61
15. La Douloureuse Garde	66
16. La Joyeuse Garde	75
17. La dame de Malehaut	82
18. Le tournoi de Galore	86
19. La soumission de Galehaut	92
20. Le pré aux arbrisseaux	96
21. Le secret partagé	101
22. Lancelot chevalier de la Table ronde	105
23. La reine Guenièvre est accusée	114
24. La signification du songe de Galehaut	119
25. Le jugement de la reine	122
26. Lancelot combat pour Guenièvre	128
27. Le retour de la reine Guenièvre et de Lancelot	133

Dans la même série
Dès 10 ans

1. *Les enchantements de Merlin*
Texte : François Johan
Illustrations : Nathaële Vogel

Roman poche
128 pages
5,25 €

Il y a très longtemps, dans le « doux pays de Bretagne », le jeune Merlin, né des artifices du Diable, manifeste des pouvoirs et des dons prodigieux.
Grâce à lui, le roi Uter Pendragon va recouvrer son trône des Deux-Bretagnes et donner naissance au futur roi Arthur que Merlin fera triompher de ses rivaux.

Merlin l'enchanteur va créer aussi l'ordre de la Table ronde dont les chevaliers (Perceval, Lancelot, Gauvain…) accompliront les plus hautes missions. Ils feront la renommée du roi Arthur dans tout le monde connu et pour les siècles à venir.
Mais ceci est une autre histoire…

2. Lancelot du lac
Texte : François Johan
Illustrations : Nathaële Vogel

Roman poche
160 pages
5,75 €

Le récit des *Enchantements de Merlin* s'achève sur l'annonce de la naissance de Lancelot, le plus connu des chevaliers de la Table ronde.

Beau, bien né, parfaitement éduqué par la mystérieuse Dame du Lac, Lancelot manifeste très tôt ses qualités exceptionnelles. À la cour du roi Arthur, il est bientôt reconnu comme la perfection faite chevalier.

Alors commence pour lui la vie du vrai chevalier : il erre d'un pays à l'autre, vole au secours des dames en détresse, combat les ennemis du royaume et autres êtres malfaisants qui ne répondent pas à l'idéal humain chevaleresque.

Mais Lancelot du Lac tombe amoureux et tout va se compliquer…

3. Perceval le gallois
Texte : François Johan
Illustrations : Nathaële Vogel

Roman poche
144 pages
5,50 €

Dans ce troisième épisode des aventures des chevaliers de la Table ronde, on suit alternativement le parcours de Lancelot et de Perceval. Ce jeune garçon, que sa mère a tenu à l'écart de la chevalerie, grandit dans l'état de nature. Mais le hasard ou le destin l'amène à la cour du roi Arthur et le voici chevalier, tout naïf et innocent qu'il est !

Après des débuts difficiles (mais plaisants pour le lecteur) dans la carrière de chevalier, Perceval se classe bientôt parmi les meilleurs. Entre-temps, Lancelot continue sa vie de preux chevalier, toujours prêt à en découdre pour l'honneur, pour son roi ou sa reine. Car il aime toujours Guenièvre, la femme du roi Arthur.

4. *La quête du graal*
Texte : François Johan
Illustrations : Nathaële Vogel

Roman poche
144 pages
5,50 €

Lancelot du Lac, chevalier de la Table ronde et champion de la reine Guenièvre, a eu un fils, Galaad. Adoubé chevalier, celui-ci incarne l'idéal chevaleresque à travers mille aventures étonnantes dont la plus haute est la quête du Graal, le mystérieux vase sacré que seul le chevalier le plus pur au monde aura le droit d'approcher.

Au fil du récit, nous retrouvons tous les chevaliers qui nous ont fait vibrer dans les autres épisodes de la légende : Lancelot, Perceval, Gauvain… et le roi Arthur, pilier de l'ordre chevaleresque et garant de la Quête. Tous sont animés du désir de retrouver le Graal… mais il y aura peu d'élus.

Viendra alors la fin des temps aventureux…

5. *La destinée du roi Arthur*
Texte : François Johan
Illustrations : Nathaële Vogel

Roman poche
160 pages
5,75 €

La Quête du Graal, la haute aventure qui a engagé tous les chevaliers du roi Arthur, est maintenant terminée. Beaucoup de chevaliers ont péri, mais les survivants vont nous faire encore vibrer dans de nouvelles aventures. Dans ce cinquième volume, François Johan nous rappelle les dernières aventures de Gauvain, Lancelot, Bohor et d'autres encore. Mais l'amour est aussi la grande affaire…

À la cour de Camaaloth, l'amour de Lancelot et de la reine Guenièvre n'est bientôt plus secret et le roi Arthur l'apprend. Lancelot quitte la cour, alors que la reine a grand besoin de lui. L'amour et son cortège de serments - trahisons, quiproquos, chagrins et joies - occupent nos chevaliers qui ne cessent pas pour autant de combattre pour de nobles causes. Nous les suivons jusqu'à la mort glorieuse d'Arthur qui marque la fin des aventures des chevaliers de la Table ronde !

FRANÇOIS JOHAN a travaillé à partir des nombreuses versions des poètes et romanciers médiévaux pour écrire cette adaptation du cycle des **Chevaliers de la Table ronde**. Professeur de lettres, il se réjouit d'offrir aux lecteurs ces aventures fabuleuses de la quête du Graal qui, par-delà les siècles, demeurent une grande source d'émerveillement.

*La collection Épopée au format poche,
des romans de référence pour découvrir
les grands textes fondateurs.*

Cycle 3
Sélection du Ministère
www.enseignants.casterman.com

Cycle 3
Sélection du Ministère
www.enseignants.casterman.com

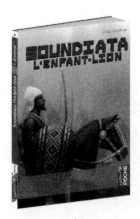

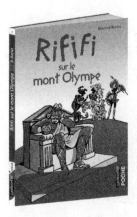

Collège 6e
Sélection du Ministère
www.enseignants.casterman.com